U0723589

企业财务管理与
现代人力资源服务

王　莹　李　蕊　温毓敏◎著

吉林出版集团股份有限公司
全国百佳图书出版单位

图书在版编目（CIP）数据

企业财务管理与现代人力资源服务 / 王莹, 李蕊, 温毓敏著 . 一 长春：吉林出版集团股份有限公司，2021.12

ISBN 978-7-5731-0852-4

Ⅰ . ①企… Ⅱ . ①王… ②李… ③温… Ⅲ . ①企业管理－财务管理－研究②人力资源－服务业－研究 Ⅳ . ① F275 ② F249.1

中国版本图书馆 CIP 数据核字 (2021) 第 244715 号

QIYE CAIWU GUANLI YU XIANDAI RENLI ZIYUAN FUWU

企业财务管理与现代人力资源服务

| 著 者：王 莹 李 蕊 温毓敏 |
| 责任编辑：孙 婷 |
| 封面设计：李宁宁 |
| 版式设计：李宁宁 |
| 出 版：吉林出版集团股份有限公司 |
| 发 行：吉林出版集团青少年书刊发行有限公司 |
| 地 址：吉林省长春市福祉大路 5788 号 |
| 邮政编码：130118 |
| 电 话：0431-81629815 |
| 印 刷：北京市兴怀印刷厂 |
| 版 次：2022 年 6 月第 1 版 |
| 印 次：2022 年 6 月第 1 次印刷 |
| 开 本：720 mm×1000 mm 1/16 |
| 印 张：8.5 |
| 字 数：146 千字 |
| 书 号：ISBN 978-7-5731-0852-4 |
| 定 价：78.00 元 |

前　言

　　人力资源是当今企业最重要的资源之一。在全球化与互联网时代背景下，我国企业要想在竞争中取胜，并获得持续发展，就必须高度重视人力资源的管理。对于企业来说，人力资源是企业重要的无形资产，是企业发展的关键因素。

　　人力资源管理是企业在市场竞争中成败的关键因素，使企业具有极强的创造力，是促进企业经济增长的重要资源，成为企业发展必不可少的经济资源。在很大程度上人力资本的作用要比物质资本更为重要，能够促进企业创造出更大的价值。财务管理是企业组织财务活动、处理财务之间关系的一项非常重要的经济管理工作，它涉及企业经济活动中的各个方面，是企业管理的中心环节。结合企业决策的特点，人力资源应得到企业的高度重视，同时财务管理应该向人力资源方向转化，使人与财效用最大化。

　　企业财务管理离不开人力资源管理，人力资源管理又是财务管理中不可或缺的组成部分，因此企业应将作为其经营管理发展中两大主要支撑环节的人力资源与财务管理充分结合，重视人的价值，同时使财务管理能够参与到企业的人力资源管理中，协调好财务关系中所表现出来的人的经济关系，充分调动人的工作积极性，发挥人的各方面潜能，使人力资源管理与财务管理相结合，使企业能够协调发展。

　　本书在写作过程中参阅了大量的相关文献与资料，同时为保证论述的准确与全面，引用了许多专家与学者的相关研究成果和观点，在此表示诚挚的谢意。因本人写作水平有限，书中难免有疏漏之处，恳请广大读者批评指正。

目　录

第一章 企业财务管理概述

第一节 企业财务管理的概念

一、财务管理的概念

在商品经济条件下，社会产品是使用价值和价值的统一体。企业再生产过程即表现为使用价值的生产和交换过程及价值的形成和实现过程的统一。在这个过程中，劳动者将生产中所消耗的生产资料的价值转移到产品中去，并且创造出新的价值，实物商品的出售，使转移价值和新创造的价值得以实现。

在企业生产经营过程中，实物商品不断地运动，实物商品的价值形态也不断地发生变化，由一种形态转化为另一种形态，这种价值运动过程表现为：随着实物商品的采购、生产和销售的进行，货币资金一次转化为储备资金、原材料资金、生产资金、在产品资金、产成品资金和更多的货币资金，周而复始，不断循环，形成资金运动。资金的每次周转都会引起资金的变化，并且这种变化具有其自身的运动规律，这就形成企业的财务活动。此外，在这个过程中，各方面的经济利益关系也得以体现。

因此，企业财务是指企业在再生产过程中客观存在的资金运动及其所体现的经济利益关系。财务管理则是基于企业再生产过程中客观存在的财务活动和财务关系而产生的，是企业组织财务活动、处理财务关系的一项经济管理工作。

二、财务管理的特征

（一）财务管理是价值管理

企业在实行分工分权的过程中形成一系列专业管理工作，如财务管理、生产管理、人力资源管理、营销管理、行政管理等。这些管理工作有的侧重于对劳动要素的管理，有的侧重于对价值的管理，有的侧重于对信息的管理。就财务管理而言，主要是运用价值形式对经营活动实施管理，通过价值形式，把企业的一切资源条件和经营过程都合理地加以规划和控制，运用价值指标对经营结果进行衡量与评价，达到企业效益不断提高、财富不断增加的目的。

（二）财务管理具有广泛性

企业的所有经营活动都涉及资金的收支，都与财务管理有关。企业的每一个部门都会通过资金的运用与财务部门发生联系，每一个部门也都要在合理使用资金、节约资金支出等方面受到财务部门的影响与约束。因此，财务管理与企业各方面有着广泛联系。

（三）财务管理具有敏感性

在企业管理中，决策是否恰当、经营是否合理、技术是否先进、产销是否顺畅，都可以迅速地在企业财务指标中得到反映；同时，企业各部门、各方面的变化也会最终体现在相关的财务指标中。

三、企业财务活动

企业财务活动是以现金收支为主的企业资金收支活动的总称，具体表现为企业在资金的筹集、投资及利润分配活动中引起的资金流入及流出。

（一）企业筹资引起的财务活动

企业从事经营活动，必须要有资金。资金的取得是企业生存和发展的前提条件，也是资金运动和资本运作的起点。企业可以通过借款、发行股票等方式筹集资金，表现为企业的资金的流入。企业偿还借款、支付利息、股利及付出各种筹资费用等，则表现为企业资金的流出。这些因为资金筹集而产生的资金收支，便是由企业筹资引起的财务活动。

企业需要多少资金、资金从哪来、以什么方式取得、资金的成本是多少、风险是否可控等一系列问题需要财务人员去解决。财务人员面对这些问题时，一方面要保证筹集的资金能满足企业经营与投资的需要；另一方面还要使筹资风险在企业的掌握之中，以免企业由于无法偿还债务而陷入破产境地。

（二）企业投资引起的财务活动

企业筹集到资金以后，使用这些资金以获取更多的价值增值，其活动即为投资活动，相应产生的资金收支便是由企业投资引起的财务活动。

投资活动包括对内投资及对外投资。对内投资主要是使用资金以购买原材料、机器设备、人力、知识产权等资产，自行组织经济活动方式获取经济收益。对外投资是使用资金购买其他企业的股票、债券或与其他企业联营等方式获取经济收益。公司用于添置设备、厂房、无形资产等非流动资产的对内投资由于回收期较长，又称对内长期投资。对内长期投资通常形成企业的生产运营环境，形成企业经营的基础。企业必须利用这些生产运营环境，进行日常生产运营，组织生产产品或提供劳务，并最终将所产产品或劳务变现方能收回投资。日常生产运营活动也是一种对内投资活动，这些投资活动主要形成应收账款、存货等流动资产，资金回收期较短，故又被称为对内短期投资。

企业有哪些方案可以备选投资、投资的风险是否可接受、有限的资金如何尽可能有效地投放到最大报酬的项目上，是财务人员在这类财务活动中要考虑的主要问题。财务人员面对这些问题时，一方面要注意将有限的资金尽可能加以有效的使用以提高投资效益，另一方面要注意投资风险与投资收益之间的权衡。

（三）企业利润分配引起的财务活动

从资金的来源看，企业的资金分为权益资本和债务资本两种。企业利用这两类资金进行投资运营，实现价值增值。这个价值增值扣除债务资本的报酬即利息之后若还有盈余，即为企业利润总额。我国相关法律法规规定企业实现的利润应依法缴纳企业所得税，缴纳所得税后的利润为税后利润又称为净利润。企业税后利润还要按照法律规定按以下顺序进行分配：一是弥补企业以前年度亏损；二是提取盈余公积；三是提取公益金，用于支付职工福利设施的支出；四是向企业所有者分配利润。这些活动即为利润分配引起的财务活动。

利润分配活动中尤为重要的是向企业所有者分配利润。企业需要制定合理的利润分配政策，相关政策既要考虑所有者近期利益的要求，又要考虑企业的长远发展，留下一定的利润用作扩大再生产。

上述财务活动的三个方面不是相互割裂、互不相关的，而是相互联系、互相依存的。因此，合理组织这些财务活动即构成了财务管理的基本内容，即筹资管理、投资管理及利润分配的管理。

四、企业财务关系

企业在组织财务活动过程中与其利益相关者之间发生的经济关系即为企业财务关系。在企业发展过程中，离不开各种利益相关者的投入或参与，如股东、政府、债权人、雇员、消费者、供应商，甚至是社区居民。他们是企业的资源，对企业生产经营活动能够产生重大影响。企业要照顾到各利益相关者的利益才能使企业生产经营进入良性循环状态。

（一）企业与其所有者之间的财务关系

企业的所有者是指向企业投入股权资本的单位或个人。企业的所有者必须按投资合同、协议、章程等的约定履行出资义务，及时提供企业生产经营必需的资金；企业利用所有者投入的资金组织运营，实现利润后，按出资比例或合同、章程的规定，向其所有者分配利润。企业同其所有者之间的财务关系体现了所有权的性质，反映了经营权和所有权的关系。

（二）企业与其债权人之间的财务关系

企业除利用所有者投入的资本金进行经营活动外，还会向债权人融入一定数量的资金以补充资本金的不足或降低成本企业资本成本。企业债权人是指那些对企业提供需偿还的资金的单位和个人，包括贷款债权人和商业债权人。贷款债权人是指给企业提供贷款的单位或个人；商业债权人是指以出售货物或劳务形式提供短期融资的单位或个人。

企业利用债权人的资金后，对贷款债权人，要按约定还本付息；对商业债权人，要按约定时间支付本金，若约定有利息的，还应按约定支付利息。企业同其债权人之间体现的是债务与债权的关系。

（三）企业与其受资者之间的财务关系

企业投资除了对内投资，还会以购买股票或直接投资的形式向其他企业投出股权资金。企业按约定履行出资义务，不直接参与被投资企业的经营管理，但按出资比例参与被投资企业的利润及剩余财产的分配。被投资企业即为受资者，企业同其受资者之间的财务关系体现的是所有权与经营权的关系。

（四）企业与其债务人之间的财务关系

企业经营过程中，可能会有闲置资金。为了有效利用资金，企业会去购买其他企业的债券或向其他企业提供借款以获取更多利息收益。另外，在激烈的市场竞争环境下，企业会采用赊销方式促进销售，形成应收账款，这实质上相当于企业借给了购货企业一笔资金。这两种情况下，借出资金的企业为债权人，接受资金的企业即为债务人。企业将资金借出后，有权要求其债务人按约定的条件支付利息和归还本金。企业同其债务人的关系体现的是债权与债务关系。

（五）企业与国家之间的财务关系

国家作为社会管理者，担负着维护社会正常秩序、保卫国家安全、组织和管理社会活动等任务。国家为企业生产经营活动提供公平竞争的经营环境和公共设施等条件，为此所发生的"社会费用"须由受益企业承担。企业承担这些费用的主要形式是向国家缴纳税金。依法纳税是企业必须承担的经济责任和义务，以确保国家财政收入的实现。国家秉承着"取之于民、用之于民"的原则，将所征收的税金用于社会各方面的需要。企业与国家之间的关系反映的是依法纳税和依法征税的义务与权利的关系。

（六）企业内部各单位之间的财务关系

企业是一个系统，各部门之间通力合作，共同为企业创造价值。因此，各部门之间的关系，直接影响企业的发展和经济效益的提高。企业目前普遍实行内部经济核算制度，划分若干责任中心、分级管理。企业为了准确核算各部门的经营业绩，合理奖惩，各部门间相互提供产品和劳务要进行内部结算，由此而产生了资金内部的收付活动。企业内部各单位之间的财务关系实质体现的是在劳动成果上的内部分配关系。

（七）企业与员工之间的财务关系

员工是企业的第一资源，员工又得依靠企业而生存，二者相互依存。正确处理好公司与员工之间的关系，对于一个公司的发展尤为重要，也是一个公司发展壮大的不竭动力。员工为企业创造价值，企业将员工创造的价值的一部分根据员工的业绩作为报酬（包括工资薪金、各种福利费用）支付给员工。企业与员工之间的财务关系实质体现的也是在劳动成果上的分配关系。

第二节 企业财务管理的环境

企业的财务管理环境是指对企业的财务活动和财务管理产生影响的企业各种内外部条件及因素，又可以称为企业的理财环境。财务管理的环境为企业的财务活动提供了施展的平台，为企业的财务管理提供了生存的基础。任何企业的财务管理活动都离不开环境，财务管理环境的变化同时也会随时影响着财务管理活动的进行。因此，要想实现企业经营目标，达到企业经济效益的最大值，研究、分析所处环境，并对财务管理行为进行及时的调整是非常必要的。

一、财务管理的宏观环境

财务管理的宏观环境，是指宏观范围内普遍作用于各个部门、各地区、各类企业财务管理活动的条件。无论是社会经济的变化、市场的变动或是经济政策的调整、国际经济形势的变化，对企业财务活动都有着直接或间接的影响。

财务管理的宏观环境，包括经济、政治、社会、自然条件等因素。从经济角度看，主要有以下几个方面。

（一）经济形势和经济政策

国家经济发展规划、产业政策、经济体制的改革方案、有关财务法规等，对企业的生产经营和财务活动都有极为重要的影响。国家的各项经济政策都是用以促进国民经济发展的，但是对于不同地区、不同行业规定有倾斜政策、优惠措施，国家宏观指导对企业经济行为的不同规定，以体现不同的经济利益。因此，进行财务决策要认真研究国家的经济政策，沿着经济政策导向行事，趋利除弊，做到既有利于国民经济的发展，又有利于增强企业自身的经济实力。

（二）财政税收政策和制度

国家财政是国有企业原始投资和技术改造拨款的重要来源，各种企业的纯收入大部分以税金方式缴纳给国家。国家的财政状况和财政政策，对于企业资金供应和税收负担有着重要的影响。当国家开发项目增多、财政紧张，需要调整拨款、扩大税源时，企业就应控制投资规模、增收节支、约束自我。国家各种税收的设置、税率的调整，具有调节生产经营的作用。企业财务人员应当熟悉国家税收法律、法规，不但要懂得各种税种的计征范围、计征依据，而且要了解税率的制定原则、减免税的规定，自觉地按照税法的导向进行经营活动和财务活动。

（三）金融政策和金融市场

商业银行和各种非银行金融机构，是企业筹集资金、融通资金的主要来源场所。金融环境对企业财务活动影响很大。银行各种贷款项目的设置，贷款条件的规定，利率的高低，浮动利率的实行，等等，直接影响企业的筹资数额及资金成本。企业向社会筹集资金，往往要通过银行来进行，并接受银行的监控。资金市场的发育程度、融资方式的开展情况、有价证券等其他金融手段的利用情况，承兑、抵押、转让、贴现等各种票据业务的开展程度，对企业资金活动都有极大的影响。当资金市场宽松、融资条件较好时，企业应当充分利用有利时机，积极开展生产经营，适当扩大投资规模；当资金市场紧张、贷款利率较高、紧缩政策出现时，企业应寻求相应的对策。

二、财务管理的微观环境

财务管理的微观环境是存在于一定范围内对财务活动产生重要影响的各种条件。微观环境通常与企业内部条件有关。企业财务活动的状况和成果与企业的组织结构、生产经营活动、管理工作有着密切的联系。企业的经济效益是企业各项活动质量的综合反映。若脱离企业内部条件，搞好财务工作是不可能的。研究企业内部条件，就是要弄清企业自身的生产经营特点、优势和劣势，分析造成这种情况的原因，结合宏观环境制定企业理财战略和措施。企业财务管理的微观环境，主要有以下几个方面。

（一）企业的经济成分、经营方式和组织形式

企业的经济成分多种多样，有全民所有、集体所有；有个体经营、私人经营；有中外合资经营、中外合作经营和外商独资经营。不同经济成分的企业，其资金来源和分配有着显著的区别。由于企业的财务制度不尽相同，国家采取的税收、价格政策也有一定差别。组织财务管理必须根据企业经济成分的特点来筹集资金、投放资金、分配收益，处理各方面的财务关系。企业的经营方式有承包经营、租赁经营、股份制经营。不同的经营方式对于企业的资金来源、筹资方式、利润分配办法、财务管理办法也有很大的影响。企业的组织形式对于工业企业有单厂型企业和多厂型企业。单厂型企业是指一个工厂就是一个企业，一个法人单位；多厂型企业，指一个企业内部由多工厂组成，按专业化协作，遵循合理的原则，把许多在生产技术和经营业务上有密切联系的工厂组织在一起的企业性公司和企业集团，是一个法人单位。企业的组织形式在不同程度上影响着企业内部财务管理体制。

（二）销售环境

销售环境反映企业商品在销售市场上的竞争程度，影响企业商品在市场上的竞争程度。销售环境分为参加交易的生产者及消费者的数量和参加交易的商品差异程度两个因素。企业所处的销售环境按竞争程度可分为四种。

1. 完全竞争市场

这种市场生产者、消费者众多，但都不能控制市场价格，商品差异不大。

2. 不完全竞争市场

在这种市场中，同一商品多个厂家生产，但型号、规格、质量、档次有

较大差异，名牌厂家可在一定程度上影响销售市场。

3. 寡头垄断市场

这是由少数厂家控制的市场。这些厂家对供应数量、销售价格起着举足轻重的作用。

4. 完全垄断市场，又称独占市场

某些关系到国计民生或具有战略意义的行业，由政府组成企业或实行专卖。这种独家经营的企业，可在国家宏观指导下决定商品的数量和价格。

销售环境对企业财务管理具有重要影响。面对完全竞争市场的企业，因价格和销售量容易出现波动，风险大，利用债务资金要慎重；面对完全垄断市场的企业，价格波动不大，利润稳定，风险较小，资金占用量相对较少，可较多地利用债务资金；面对不完全竞争市场和寡头垄断市场的企业，要搞出产品特色，创出名牌，加强售后服务，应在开发、科研、宣传、推销上投入较多的资金。

（三）采购环境

采购环境是指企业采购物资时涉及采购数量和采购价格有关的条件。

企业进行采购物资面临的环境，可分为稳定的采购环境和波动的采购环境。前者材料资源相对比较充足，运输条件比较正常，能保证生产经营需要。企业可以少储备、勤采购，不过多占用资金。后者物资相对比较紧缺，运输不是很正常，有时不能如期供货。因此，企业要设置物资保险储备，这样就需要占用较多的资金。采购环境按采购价格的变动趋势，可分为价格可能上升的采购环境、价格平稳的采购环境和价格可能下降的采购环境。对价格看涨的物资，企业通常要提前进货，投放较多资金；面对平稳的采购环境，企业可根据消耗量和仓储能力，做到有计划地采购，尽量节约资金占用；面对价格看落的物资，可在保证生产需要的情况下推迟采购，节约资金。

（四）生产环境

生产环境是指由人力资源、物质资源、技术资源构成的生产条件和企业产品的寿命周期。

从生产条件看，企业可划分为劳动密集型、技术密集型、资源密集型企业。劳动密集型企业的主要特点是所需工资费用较多，长期资金占用较少；技术密集型企业需要使用较多的先进设备，而所用人力较少，企业需要筹集较多的长期资金；资源密集型企业则需要投入大量的资金用于勘探、开发，资金回收期长。从企业产品的寿命周期看，产品寿命周期通常分为投入期（试销期）、成长期、成熟期、衰退期四个阶段。不同寿命的周期，收入多少、成

本高低、收益大小、资金周转快慢，都有较大差别。企业进行财务决策，不仅要针对企业现时所处的阶段采取适当措施，而且要有预见性的投资，使企业的产品生产经营不断更新换代，经常保持旺盛的生命力。

第三节 企业财务管理的目标

一、财务管理的目标

财务管理的目标又称为理财目标，是企业财务活动希望实现的结果，是评价企业理财活动是否合理的基本标准；财务管理的目标直接反映理财环境的变化，并根据环境的变化做适当调整，是企业一切财务活动的出发点和归宿，决定着企业财务管理的方向；财务管理目标制约着财务运行的基本特征和发展方向，是财务运行的一种驱动力，不同的财务管理目标会产生不同的财务管理运行机制。因此，科学地设置财务管理目标，对优化财务行为、实现财务管理的良性循环具有重要意义。

企业财务管理的目标有以下几种具有代表性的模式。

（一）利润最大化

利润最大化是西方微观经济学的理论基础，西方经济学家和企业家以往都以利润最大化作为企业的经营目标和理财目标，他们认为，利润代表了企业新创造的财富，利润越多，则说明企业的财富增加得越多，越接近企业的目标。时至今日，这种观点在理论界与实务界仍有较大影响。经济学家弗里德曼（Friedmann）生前最富争议的观点也许就是"企业的唯一目标是赚钱并向股东提供回报"。

用利润最大化来定位财务管理目标，既简明实用又便于理解，有其合理的一面，但其具有以下致命的缺陷。

1. 利润最大化目标没有考虑利润获取的时间

投资收益现值的大小，不仅取决于其收益将来值总额的大小，还要受取得收益时间的制约。因为早取得收益，就能早进行再投资，进而早获得新的收益，利润最大化目标忽视了这一点。例如，在投资决策中，今年获利100万元和明年获利100万元的项目，若仅以利润来衡量，忽视现金流入的时间，就难以做出正确的判断。

2. 利润最大化目标没有考虑所获利润与投入资本额之间的关系

利润最大化是一个绝对指标，无法在不同资本规模的企业或同一企业的不同时期以利润额大小来比较、评价企业的经济效益。比如，同样获得200万元的利润，一个企业投入资本2000万元，另一个企业投入1500万元，哪一个更符合企业的目标？如果不与投入的资本额相联系，就难以做出正确的判断。

3.利润最大化目标没有考虑风险

在市场经济条件下，收益与风险并存，一般情况下，收益与风险成正比。如果盲目追求利润最大化，而忽视风险因素，可能导致企业陷入严重危机。

4.利润最大化目标容易导致企业的短期行为

如果企业只顾实现当前的最大利润，而忽视了企业的长期发展战略，那么可能使企业做出错误决策。

（二）每股盈余最大化

这一目标的优点是把企业实现的利润额同投入的资本或股本进行对比，能够说明企业的盈利水平，可以在不同资本规模的企业或期间进行比较，揭示其盈利水平的差异，但该指标也仍然存在以下两个缺陷。

（1）每股盈余最大化没有考虑货币的时间价值。

（2）每股盈余仍没有考虑风险因素，也不能避免企业的短期行为。

（三）企业价值最大化

企业价值最大化是指通过企业财务上的合理经营，采用最满意的财务决策，在考虑货币时间价值、风险价值和企业长期稳定发展的基础上，使企业总价值达到最大。所谓企业价值，就是企业总资产的市场价值，也是企业债务价值与所有者权益价值（股东财富）之和。投资者在评估企业资产的价值时，一般以资产能够给企业带来经济利益的折现值来计量，它反映了企业资产的潜力或预期获利能力。如果企业不存在破产倒闭的可能，企业债务的折现值一般是一个定数，企业价值最大化也就是业主经济利益最大化或股东财富最大化。如果企业面临破产风险，企业的债权人将在实质上控制企业资产，则企业价值最大化就会与企业债务价值最大化密切相关，或者说事实上就是债权人经济利益最大化。对上市公司来说，股东财富是股票价格与股本的乘积，当企业总股本不变时，股东财富最大化就是股票价格最高化。对一般企业来说，业主经济利益最大化就是在考虑货币时间价值和风险因素后，使企业为业主创造的未来现金流量最大化。

以企业价值最大化作为财务管理目标，其基本思想是将企业长期稳定的发展和持续的获利能力放在首位，强调在实现企业价值增长中对有关利益的满足。它满足了投资者对企业的要求，也保证了债权人的利益；它能使企业职工的利益得到最大满足；它还有利于社会资源的合理配置，有利于促使管理当局克服管理上的短期行为，将自身的个人目标与企业目标协调一致。

当然，以企业价值最大化作为财务管理目标也有一些不足之处。例如：股价会受到多种因素的影响，即期市场上股票的价格并不是完全由企业未来的获利能力所决定的；对非上市公司来说，如何准确计量其价值，在实践中有许多困难；企业的相关利益者并不完全认同企业价值最大就会满足其利益；等等。但是，现代财务主流理论还是将其作为财务管理的最优目标。

二、财务管理目标的协调

企业的财务活动涉及不同的利益主体，不同的利益主体构成了不同的财务关系。因此，将"企业价值最大化"作为财务管理的总体目标，首要的要求就是要协调相关者之间的利益关系，化解他们之间的利益冲突。

对企业而言，股东、经营者和债权人是企业最重要的利益相关者，他们之间构成了企业最终的财务关系。股东委托经营者代表他们管理企业，为实现他们的目标而努力，但经营者与股东的目标并不完全一致。同时，债权人把资金借给企业，为的是自己的投资收益，并不是为了实现企业价值最大化，与股东的目标也不一致。这就是所谓的委托代理问题。因此，企业必须协调这三个方面，才能实现自己的财务管理目标。

（一）股东与经营者利益冲突与协调

经营者和股东的主要利益冲突，就是经营者希望在创造财富的同时，能够获取更多的报酬、更多的享受，并且尽可能地避免风险；而股东则希望经营者以最大的努力完成自己的委托，使自己的财富最大化，即以较小的代价（报酬）实现更多的财富增值。

因此，经营者有可能为了自身的利益而背离股东的利益。这种背离表现在以下两个方面。

1. 道德风险

经营者只是为了达到自己的经营目标，他们没有必要为提高股价而冒险，股价上涨的好处将归于股东，如若失败，他们的"身价"将下跌。他们不做什么错事，只希望能增加一些闲暇时间。这样做不构成法律和行政责任问题，而只是道德问题，股东很难追究他们的责任。

2. 逆向选择

经营者为了自己的目标而背离股东的目标。例如：装修豪华的办公室、购置高档汽车等；借口工作需要乱花股东的钱；或者蓄意压低股票价格，自己借款买回，导致股东财富受损。

通常，为了防止经营者背离股东目标，股东会同时采取监督和激励两种方式来协调自己和经营者的目标。

（1）监督

经营者背离股东目标的前提条件是双方信息不对称，经营者了解的企业信息比股东多。避免"道德风险"和"逆向选择"的方式是股东获取更多的信息，对经营者进行监督，在经营者背离股东目标时，减少其各种形式的报酬，甚至解雇他们。

（2）激励

防止经营者背离股东利益的另一种途径是采用激励计划，使经营者分享企业增加的财富，鼓励他们采取符合股东利益最大化的行动。例如，企业盈利率或股票价格提高后，给经营者以现金、股票期权奖励。支付报酬的方式和数量，有多种选择。报酬过低，不足以激励经营者，股东不能获得最大利益；报酬过高，股东付出的激励成本过大，也不能实现自己的最大利益。因此，激励可以减少经营者违背股东意愿的行为，但也不能解决全部问题。全面监督及激励实际上是行不通的，受到成本的限制，股东不可能事事都监督、面面都激励。因此，监督成本、激励成本和偏离股东目标的损失之间，此消彼长、相互制约，股东要权衡轻重，力求找出能使三项之和最小的最佳解决办法。

（二）大股东与中小股东利益冲突与协调

大股东通常是指企业的控股股东，他们持有企业大多数股份，拥有对企业的决策权及管理权。而人数众多但持有股份数量很少的中小股东由于其持股比例较低，基本上丧失了对企业的决策权与管理权，仅剩下按照各自的持股比例对企业利润的索取权。由于大股东的权力优势及信息优势，小股东的权利与利益很容易被大股东以各种形式侵害，例如，大股东操纵管理层、操纵股价，大股东挪用上市公司资金、实施不当关联交易，等等。这就是大股东与中小股东之间的委托代理问题。

在我国，由于特殊的制度背景，大股东侵害中小股东利益的情况尤其突出。因此，如何控制大股东的不正当行为，保护中小股东的利益，是企业财务管理关注的重点问题之一。目前，主要有以下保护机制。

（1）完善上市公司的治理结构，使股东大会、董事会和监事会三者有效运作，形成相互制约的机制。具体来说，首先，采取法律措施增强中小股东的投票权、知情权和裁决权；其次，提高董事会中独立董事的比重，独立董事可以代表中小股东的利益，在董事会中行使表决权；最后，建立健全监事会，真正实现监事会对董事会和管理层的监督，保证监事会在实质上的独立性，并赋予监事会更大的监督权和起诉权。

（2）规范上市公司的信息披露制度，保证信息的完整性、真实性和及时性。同时应完善会计准则体系和信息披露规则，加大对信息披露违规行为的处罚力度，对信息披露的监管也要有所加强。

（三）股东与债权人利益冲突与协调

当公司向债权人借入资本后，二者形成一种基于债权债务的委托代理关系，债权人把资金借给企业，要求到期时收回本金，并获得约定的利息收入；公司借款的目的是用于扩大经营，投入经营项目，以此获得收益。因此，二者的利益并不完全一致。

对于债权人而言，他们事先知晓借出资金是有风险的，因此会把这种风险的相应报酬纳入利率。通常要考虑的因素包括现有资产的风险、预计新增资产的风险、现有的负债比率、未来的资本结构等。但是，借款合同一旦成为事实，资金提供给企业，债权人就失去了控制权，股东可以通过经营者为了自身利益而伤害债权人的利益，可能采取的方式有以下两个方面。

（1）股东不经债权人的同意，投资于比债权人预期风险更高的新项目。如果高风险的计划侥幸成功，超额的利润归股东独享；如果计划不幸失败，公司无力偿债，债权人与股东将共同承担由此造成的损失。尽管按法律规定，债权人先于股东分配破产财产，但多数情况下，破产财产不足以偿债。所以，对债权人来说，超额利润肯定拿不到，发生损失却有可能要分担。

（2）股东为了提高公司的利润，不征得债权人的同意而指使管理当局发行新债，致使旧债券的价值下降，使旧债权人蒙受损失。旧债券价值下降的原因是发行新债后公司负债比率加大，公司破产的可能性增加。如果公司破产，旧债权人和新债权人要共同分配破产后的财产，使旧债券的风险增加，其价值下降。尤其是不能转让的债券或其他借款，债权人不能出售债权以摆脱困境，处境更加不利。

为了防止利益被损害，债权人可以寻求立法保护，如破产时优先接管剩余财产、优先于股东分配剩余财产等。此外，常见的协调股东与债权人的利益冲突的方式有限制性借款、收回借款或停止借款等。

第二章 人力资源管理与企业财务管理

第一节 人力资源管理与企业财务管理的现状与改进分析

一、人力资源管理与财务管理的现状

（一）人力资源管理存在的问题

1. 企业对人力资源管理的重视程度不足

就当前我国企业发展前景来看，部分企业人力资源管理的法制性与程序性建设并不完善，对人力资源管理所投入的力度远不如其他管理。具体表现在以下两个方面：第一，企业对人力资源管理与发展战略的重视程度严重不足；第二，企业员工的工作配置并不完善，所投入的资金总量也不充足。在实践的过程当中能够看出，目前国内大部分企业并未对人力资源管理工作予以战略性的高度重视。当前我国大部分企业的经营者与管理者将工作精力放在了生产、销售等环节，对人力资源管理在企业发展中的重要性认识不够，重视不足。

2. 企业人力资源的管理机制不够健全，存在一定的问题

企业在人才队伍建设的过程当中没有形成科学系统的管理机制，没有相对系统科学的管理办法与章程，导致企业在人才队伍建设方面、在职人员教育培训等方面存在一定的问题，阻碍了企业运营发展的进程。人力资源管理方面的问题主要表现在以下方面：员工个人素质能力具有较大的差异性；存在一人多岗的现象，导致员工整体的工作效率低下；其他工作配置不科学。

（二）财务管理存在的问题

1. 企业财务管理制度不够完善

财务管理在企业实际管理当中并未实现完全独立，导致在完成上级指派的任务时出现诸多的问题。同时，企业并没有因势利导形成科学有效的内部、

外部监督和责任追究制度，判定责任的界限相对模糊，并不能在问题发生之后对责任进行精准的划分，导致企业财务管理水平难以得到有效提升。

2. 企业财务管理监督机制不够健全

当前我国部分企业的财务管理缺乏有效的监督机制。企业的财务管理基本是由内部与外部监督两个部分组成，企业一般都具有内部监督机制，但往往都不具备外部监督机制。审计与监督人员在工作当中都不愿承担责任，阻碍了企业未来的长足发展。

我国部分企业对财务管理的认识存在一定的误区，企业高层更加重视财务核算工作，但是对财务管理与监督工作的重视程度严重不足，而这两项工作决定了财务部门工作整体的质量与水平。财务核算只是财务部门工作当中的子模块任务，良好的财务管理与监督工作能够及时地发现并解决问题，从而使部门整体的工作质量与水平得到改善和不断提高。部分企业的基层管理部门往往会投入大量的人力、物力与财力资源在平常工作中及财务报表统计上，使得有些财务管理工作不到位并存在一定的隐患。但又因为管理职责划分不清，缺乏有效的管理和监督机制，无法及时发现问题，致使企业的财务管理存在潜在的风险。

二、人力资源管理与财务管理存在问题的主要成因

针对企业的人力资源管理与财务管理之间存在的问题，究其原因，是企业没有把握好二者之间的关系，导致其关系失衡，没有发挥二者相辅相成的作用。

（一）企业重财务、轻人力

传统运营管理模式的企业核心管理部门一般都是财务管理部门，因为财务管理部门的工作内容与企业经济效益有着较为明显的关系，如财务报表、成本控制等。但如果因此将人力资源管理部门作为辅助型管理部门，轻视人力资源管理就有可能导致企业员工出现一定的问题，造成企业核心竞争力的下滑，不利于企业未来的长远稳定发展。

（二）企业轻财务、重人力

企业轻财务、重人力的现象主要发生在刚成立的企业，这类企业在起步之初较为注重人力资源的管理，租用高档的办公场所和给予优厚的待遇来吸引人才的加入，加大人才的招募力度。但是因企业初期订单盈利较少，财务部门的职能并未有效地体现出来。企业应该对人力资源管理部门和财务管理部门予以重视，充分发挥二者的职能作用。如果财务管理水平较差，

企业在经历市场变化与冲击时，资金链会出现一定的问题，从而影响企业长远稳定的发展。

三、人力资源管理与财务管理的改进建议

（一）建立良好的人力资源运营环境

人力资源运营环境大致可以分为企业内部与外部环境。企业内部环境的主要内容为企业内控管理制度、企业文化等；企业外部环境主要包括劳动力市场的信息环境及与企业相关的法律法规等信息环境。企业内外部环境对于企业而言是尤为重要的，对企业的发展有着极大的影响。所以，企业应建立起更好的人力资源运营环境，从而促使企业可以更加长远稳定地发展。

（二）创新人力资源管理理念

企业应创新人力资源管理的理念，注重人员的工作配置，对企业员工的个人信息进行细致的分析与整理，在分配工作时应考虑员工性格、能力、素质等多个方面的信息，科学合理地对员工进行工作分配，实现人尽其才、才尽其用，从根本上提升企业核心竞争力。

（三）创建更为科学合理的薪酬分配体系

一个企业要做好单位的人力资源财务管理，充分调动财务管理工作人员的积极性，关键是制定好科学合理的薪酬分配制度。人才的薪酬分配必须与工作绩效挂钩，要制定多元化的激励机制，将金钱奖赏与优秀奖励进行有机结合，从而促进财务工作人员自身潜能的发挥，进而充分帮助企业较好地完成预定任务。

（四）转变财务管理机制

企业要初步形成财务管理的基本架构和体系，其自上而下包括决策层、管理层和执行层。决策层要从宏观方面对企业的总体收入支出情况和未来的经营方向进行指引；管理层则要侧重对财务计划进行深入分析和向决策层汇报结果，尽可能提出一些解决问题的办法；执行层则要严格按照企业的财务管理章程办事。这三个层级必须互相统筹协调，形成良性的沟通。

（五）建立有效的财务管理监督机制

企业单位的财务管理应形成科学有效的监督机制。要从外部监督与内部监督这两个方面去抓，内部监督与外部监督具有不同的功效与作用。内部监督从组织部门架构及人这两方面进行。外部监督重点则是审计人员与审计部

门要履行好自身的职责，对企业财务报表等信息的真实性及有效性承担监督职责，达到维护财务管理公正形象的目的。

企业单位发展的前提是用好人才并留住人才，因此企业单位的人力资源部门和财务部门应做好各自的管理工作，这是因为财务是一个企业、一个单位发展的核心，如果没有了资金，企业单位发展就会受到极大的影响。所以，我们一定要因地制宜根据企业自身的特点，逐步树立正确的管理理念，不断完善财务的分配和奖惩工作。

总之，在企业的发展过程中，单位的人力资源部门与财务部门间的协调、发展关系十分重要。财务在企业的运行和发展壮大过程中，要切实有效地提高企业的预算管理和绩效考核的落实，从而最大限度地保证企业经费的使用得到落实。此外，人力资源部门要不断加强企业的人力管理，为企业各个部门的运行提供可靠的人才保障。

第二节 人力资源管理与企业财务管理的双赢模式

一、人力资源管理与财务管理在企业中的地位

近年来，随着我国经济结构的改革，人力资源管理在企业中的地位显著提升。但是同财务管理相比，人力资源管理还处于较低的位置。为了缩短人力资源管理和财务管理之间的差距，我国在对经济结构进行改革的过程中，积极调整影响经济结构改革的因素。如今，国家经济发展迅速，我国外贸交易快速增长，但经济结构的转变使企业从中谋取的利益减少。因此，只有采用合理的方法将财务管理与人力管理相结合，提升人力资源管理在企业中的地位，这样才可以让企业健康发展。

二、人力资源管理和财务管理的关系分析

（一）企业重财务、轻人力

通过对我国部分企业的调查发现，我国企业在发展的过程中出现了两个极端，首先来说一说其中的一个极端——重财务、轻人力。大部分企业在发展的过程中会制定一系列的规章制度和发展方案，并采取相应的政策对企业进行管理。但是在对企业进行管理的过程中，部分企业过于重视财务管理，严重忽视了人力资源管理。这样就导致企业发展以销售为核心，与产品服务存在一定的差别。如果企业不能转变重财务、轻人力的管理模式，企业的核

心竞争力则会消失。例如，2008 年的金融危机导致很多工厂倒闭，这些工厂没有订单，缺乏产品，无法维持正常的运行。在这次金融危机中，很多国家损失惨重，但德国却没有受到严重的影响。这主要是因为德国制造产业发展较早，德国企业十分重视人力资源和财务管理。企业对录用的员工会进行培训和考核，并为员工提供法律保障，企业和员工共同发展，使企业的发展效果显著增强。

（二）企业重人力、轻财务

企业发展的另一个极端，则是重人力、轻财务。改革开放后，我国劳动力过于密集，企业员工的管理工作难度增加。重人力、轻财务的问题主要存在于刚刚成立的企业，尤其是科技创新企业，这种企业急需大量的专业人才。很多企业为了引进更多的人才，开始租高档写字楼，提升员工的薪酬，为员工提供各种各样的福利津贴。但这种经营模式对企业的发展产生了严重的影响。由于企业刚成立不久，缺乏资金，一旦银行和投资人无法为企业提供资金，企业则会面临破产的危机。例如，很多团购网站为了获得更好的发展，开始利用高薪聘用人才、留住人才，但由于经营模式不成熟，在经营一段时间后，团购网站开始裁员甚至倒闭，无法正常经营。

三、建立人力资源管理和财务管理双赢模式

（一）转变传统的企业管理观念

企业要想获得长远的发展就要关注人力资源管理，将人力资源管理列入企业管理的方案中，对人力资源管理和财务管理给予同样的重视，这样才能引起企业员工的重视。企业经营者要发现员工的作用和能力，切勿只将员工作为盈利的工具，要能给员工提供更多的发展空间和机会，提高员工在企业中的地位。这样员工才会感受到自身在企业中的价值，员工的责任感也会因此提升。与此同时，企业要合理进行财务管理，促进财务管理人员和人力资源管理人员的合作，进而为企业的发展打下良好的基础。企业经营者只有转变传统的企业管理观念，企业才会呈现不断上升的发展趋势。

（二）结合心理学，展开人力资源管理

要想管理好员工，维持企业的正常运行和发展，企业经营者需要了解员工的心理。同时，结合员工的心理，制订相应的人力资源管理方案，使心理学在人力资源管理中发挥重要的积极作用，帮助企业领导有效分析员工的心理。部分企业员工的压力越来越大，负面情绪不断增多，这些员工的不稳定

情绪必然会给企业带来负面的影响。如果管理者不断对员工进行抱怨、指责，则会影响员工心情，使员工无法全身心地投入工作中，最终导致员工的工作效率下降。因此，为了让员工积极主动地投入工作中，企业在进行人力资源管理的过程中，要融入心理学。企业可以定期开展心理讲座，聘请心理专家，疏导员工的情绪，缓解员工的压力。像一些中小型公司，企业经营者可以带领员工参加一些娱乐活动，让员工感受到领导的关心和重视。这样有利于企业员工的身心健康，帮助他们树立正确的工作观。人力资源管理的发展需要结合企业实际的发展情况，企业在发展的过程中应为员工提供良好的生活环境和办公环境；同时，视本企业自身情况，可为员工提供住宿，开设员工食堂，给予交通补助和话费补助，为员工办理保险，等等。此外，企业应该对员工进行定期培训，提升员工的工作能力，让员工实现自身的价值。

（三）重视员工存在的压力和情绪

人的情绪主要分为兴趣、愉快、惊讶、愤怒、悲伤、恐惧、厌恶、轻视和羞愧。因此，在制定人力资源管理制度时，经营者需要从人的心理变化出发。在一般情况下，当人在遇到不好的事情时就会产生悲观的想法。如果不能及时消除悲观的想法，人的心理就会受到严重的影响，这样就会产生负面情绪，而这种情绪会影响身边的人。带有消极情绪的人会导致企业工作氛围沉闷、缺乏活力，而带有积极情绪的人则会带动同事的积极性，与同事共同发展。所以，企业要重视员工的情绪管理，让积极的员工调动消极的员工，适当对员工进行鼓励和支持。企业经营者要学会疏导员工的消极情绪，让员工身心愉悦地进行工作。与此同时，企业也要进行压力管理，对于压力管理，企业需要根据不同年龄段的员工制订不同的减压方案。企业经营者只有重视员工情绪和压力的管理，才会得到良好的回报。

（四）企业财务管理实行合伙人制度

对于一些中小型企业来说，尤其是刚刚成立的企业，企业可以选择合伙人制度。合伙人制度需要由两个或两个以上合伙人拥有公司并分享公司利润，合伙人为公司主人或股东的组织形式。其主要的特征有以下几种：首先，合伙人必须共同分享企业的利润，但也要一起承担企业的亏损；其次，合伙人必须参与公司的经营和管理；最后，合伙人可以提出适当的建议，对合伙模式进行调整。在运用合伙人制度的过程中，要促使财务管理制度产生作用，合伙人要一起为企业筹集资金，为企业引进更多的人才，同时要一起承担风险。只有这样，企业才能更好地发展。因此，对于合伙人的选择，企业也要提出相应的要求。企业必须明确合作制度的实现程序，对合伙人的权利和义务进行详细的说明。企业的发展需要大家共同的努力，因此企业员工要做到齐心协力，才可以让合伙人制度更有价值。这样一来，员工就会从中获取相应的利益，进而积极主动地参与工作。这种双赢的模式可以为企业引进人才和留住人才。在实行合伙人制度的过程中，企业经营者要能掌握合伙人制度的概念和主要作用，同时遵循相关的规范要求实行合伙人制度。

（五）财务管理中让员工持有股份

对于一些大型企业而言，在进行财务管理的过程中可以实行员工持股制度。在财务管理中让员工持有股份，可实现员工身份的转变，从过去企业生产发展的执行者，变为企业生产发展的主导者。实行员工持有股份的方式，能从根源上调动员工的参与积极性，加强员工与企业管理层的内部联系和交流，使员工最大限度地"发声"。将企业利益和员工利益统一，进而达到企业人力资源和财务管理双赢的目的。但在制定员工持有股份的制度中，要制定严格的管理机制，包括如何对外出卖、分红企业的股份等。在公平公正的前提下，实现调动企业员工积极性的目的。

我国企业要想实现人力资源管理和财务管理的双赢，就要做到既关注经济利润，又关注企业员工的发展，对人力资源管理和财务管理进行定量分析和定性评价。企业切勿过度重视财务的发展，而忽视员工的感受，否则员工可能会选择离开企业，谋求更好的发展。企业经营者如果想要维持企业的运行就要转变传统的管理观念，深入研究心理学，从心理学的角度分析员工的思想和工作态度。企业经营者要站在员工的角度思考问题，适当为员工减轻压力，减少员工的负面情绪。这样一来，当员工切实地感受到自身的利益没有受到损害时，员工才会积极主动地投入工作中，进而提升工作效率，为企业发展做出更多的贡献。在财务管理方面，企业要激励员工，可采取持股制度或合伙人制度等。这样才能激发员工的工作热情，让他们更好地为企业服务。企业只有处理好财务管理和人力资源管理的关系，才能让其更好地发挥作用，进而促进企业的发展。

第三节 人力资源管理与企业财务管理对应模型探讨

一、人力资源管理与财务管理的对应分析

20世纪80年代中期，国内很多企业将人力资源会计广泛应用到人力资源管理工作及员工业绩评价方面。1980年，潘序伦先生提出了在我国开展"人

才会计"的建议，从此之后，会计工作者就对人力资源会计中存在的诸多问题进行详细研究与探讨，并取得了非常可观的研究成果。

企业的人力资源分析。企业在对人力资源进行管理的时候，需要将人力当作一种资源来管理，管理过程中如果有人力配置不合理的地方，就会造成资金浪费，给企业经济带来一定的影响。人力资源相较于其他资源有着很大的不同，其具有能动性及创造性特点。人能够在经营中自动适应职责需要，并可以根据自身多年的理论经验及实践经验来顺利高效完成自身工作，最大限度地发挥自身潜能，给企业带来更加可观的经济效益。

企业人力资源的财务计算。企业要想使自身人力资源得到更加有效的管理，则需要建立一个较为简单的人力资源分配计算，给人力资源管理工作提供准确的人力资源信息，并为其提供相关的财务信息，从而为企业人力资源管理奠定一个良好的基础。人力资源管理部门能够根据企业财务及人才的实际情况进行人力资源的合理分配，能够有效避免人才浪费现象的出现，使企业内部的每一个人才都能够得到充分的重视与任用，让他们发挥出最大的作用，从而大幅提高企业的经济效益。

企业人力资源与财务管理的对应。人力资源管理在整个企业中是至关重要的一部分，因此其在企业的财务报表中也是常常出现的一项内容，由于人力资源会计工作是以人为工作对象，而不是各种货币形式的会计计算，无法让人力资源以货币形式的指标出现在企业财务报表中，这大幅增加了审查难度。因此，会计人员在将人力资源使用情况记入财务报表后，还应当备注人力资源现状，从而更加完整地显示出企业人力资源的使用情况，以便于企业对人力资源的管理。

二、人力资源管理与财务管理的有效对接

企业财务管理在与人力资源管理相对接的时候，主要是将人力资源融入财务管理中，让财务管理对人力资源所使用的资金数额进行分析，使财务管理实现真正意义上的全面计量。通过对人力资源的科学核算，为企业决策提供可靠依据，以量化方式，对人力资源进行有效管理。

在货币性价值计量中，企业可运用的方法较多。第一，可以运用工资报酬折现法，将企业员工自正式录用开始直至退休的所有薪酬，都用相应的折现率折为现值；第二，可以采用商誉法，将企业往年所获取的收益与该年份行业平均收益相比较，并将超出部分作为人力资源贡献值，通过资本化程序，将其看作人力资源价值；第三，可以运用机会成本法，由企业内部各责任部门投标竞争的方式确定人力资源价值；第四，可以采用调整报酬贴现法，即

获取概率系数与工资报酬的现值的乘积；第五，可以采用指数法，即运用基期人力资源价值，对其未来价值进行预测。

在非货币价值计量中，企业也可以运用多种方法。第一，潜力评估法。即对企业员工个人潜在价值进行评估的方法。第二，评估法。就是对员工业务水平、个人素养、健康情况等进行评估，以获取人力资源价值的方法。第三，技能表法。就是将所有员工的各方面指标以表格形式展现出来，并将其作为人力资源价值考核的主要依据。第四，类推法。就是设定一个标准人力资源载体，用其他人力资源载体与其价值进行比较，以类推出其他载体价值。

通常来讲，企业一般员工的价值计量会采用群体计量的方式，通过整体的方式体现其对企业的贡献。对于一些管理人员或是高级员工，则采用个人计量的方式，对单个个体的价值进行计量，采用货币计量和非货币计量相结合的方式，对其进行详细考察，以充分体现人力资源价值。

优化人力资源管理与财务管理对应模型效果通过对人力资源管理与财务对应模型的优化，可以使企业的人力资源与财务管理更加完善，具体体现在以下三点。

（一）注重智力资源

知识经济是信息经济，信息化的普及和互联网的快速发展，使得 IT 技术更广泛地应用于人力资源管理，同时企业管理中"人"的因素越发重要，怎样提高企业内部人力资源管理效率，怎样吸引高质量的人才，怎样加强绩效评估，怎样减少人力成本的使用，怎样实现人力资源价值，怎样让智力资源创造出价值，是当下所有企业都应当重视的问题。

智力资源主要包括人力资源和无形资产两个方面。企业在以往的资源管理工作中，多为注重物力资源的管理，而忽视了智力资源的运用，认为智力资源对企业生存发展的影响较小，机械设备及材料的管理才是提升企业经济效益的有效方法。而在现代市场经济的发展中，智力资源已经成为企业生产经营中的重要生产要素，对企业发展具有至关重要的作用。因而，企业也应加强对智力资源尤其是人力资源管理的重视，把所有员工既作为财务管理的管理对象，又作为财务管理的服务对象，使其知情权、监督权得以发挥，进一步提升企业人力资源价值和财务管理效果。

（二）建立完善的薪酬激励制度

合理的薪酬激励制度，能够对员工起到积极的作用，使企业人力资源价值得以充分发挥。在薪酬激励制度的制定中，企业应遵循公正、公平的原则，充分发挥人力资源管理与财务管理对应模型作用。在一般员工的薪酬激励制度制定上，应做到以岗定薪，遵循"以人为本"原则，为员工提供其真正需要的福利政策；对一些关键技术岗位的员工，在薪酬激励制度制定上，应保证薪酬标准与市场价位接轨，避免人才流失，从而使人力资源价值得以充分发挥，实现对人力资源管理与财务管理对应模型效果的优化。

（三）健立"以人为本"的薪酬激励制度

建立"以人为本"的分配制度：一是对企业的高层管理人员应当实行年薪制度，根据其岗位实际情况来确定其薪资水平，拉开其与普通职工的薪资差距；二是对一些高技术人才、较为关键的管理人才，应当实行专门的薪酬制度，提高其薪酬待遇，防止人才流失；三是对普通员工实行技能导向型和工作导向型的岗位工资制度，做到以岗位定薪，岗变薪变。

人力资源管理与财务管理存在一定的对应关系，企业应正确认识这一关系，并实现人力资源管理与财务管理的充分结合，提升企业整体管理水平，使企业能够在激烈的市场竞争中，获取更多的经济效益，实现市场地位的提升。

第三章 人力资源管理概论

第一节 人力资源与人力资源管理

一、人力资源

（一）人力资源的基本概念

按《辞海》的解释，资源是指"资财的来源"。从经济学角度看，资源是指为了创造财富而投入生产活动中的一切要素，并把资源划分为自然资源、资本资源、信息资源、人力资源和间接资源五大类。在人类经济活动的不同阶段，资源的重要性各不相同。农业社会，人类的生产活动围绕土地进行，经济分配以土地的占有量为基础，劳动者的体力消耗和以土地为代表的自然资源的消耗促成了经济的发展。工业社会，人们开始以使用机器的资源开采和制造业为中心的生产经营方式，自然资源和资本资源成为推动经济发展的最主要因素；在信息时代和知识经济背景下，以知识为基础的产业上升为社会的主导产业，经济社会的发展依赖于信息的获取和知识的创造，信息资源和人力资源成为经济发展的重要推动因素。当今竞争激烈的社会，人力资源无疑成为推动社会经济发展的重要资源。

在学术上，"人力资源"最早是由美国著名的管理学家德鲁克（Drucker）于1954年在其著名的《管理实践》一书中提出来的。在该著作中，德鲁克引入了"人力资源"的概念，并且指出人力资源与其他所有资源相比，最重要的区别就是主体是人，并且是管理者必须考虑的具有"特殊资产"的资源，也是最未有效使用的资源。

在国内，许多专家和学者对于人力资源也给出了明确的定义。例如，郑绍濂认为，人力资源是"能够推动整个经济和社会发展的、具有智力劳动和体力劳动能力的人们的总和"。

也有学者认为，人力资源是指从事组织特定工作活动所需的并能被组织所利用的所有体力和脑力劳动的总和。它既包括现实的人力资源，即现在就可以使用的、由劳动适龄人口中除因病残而永久丧失劳动能力外的绝大多数适龄劳动人口和老年人口中具有一定劳动能力的人口构成的人力资源；也包括潜在的人力资源，即现在还不能使用但未来可使用的、主要由未成年人口组成的人力资源。人力资源质量表现在以下几方面：①体力，即劳动力的身体素质，包括健康状况、营养状况及耐力、力量、敏捷性等体能素质；②智力，即劳动力的智力素质，包括智力、记忆力、理解力、判断力、想象力及逻辑思维能力等；③知识技能，即劳动者的文化知识素质，它以教育程度、技能水平等来衡量；④劳动态度，即劳动者的劳动价值观及职业道德，如劳动动机、劳动态度、劳动责任心等。

人力资源数量和质量是密切相关的两个方面，一个国家和地区的人力资源丰富程度不仅要用数量来计量，而且要用质量来评价。对一个企业而言，人力资源的数量是基础，质量是关键。企业需要在人力资源规模上谋求一定的规模效益，但在规模达到一定程度之后要把着力点迅速转移到提高人力资源的质量上来。尤其在当今知识经济背景下，人力资源的质量远比数量重要。人力资源的质量对于数量有较强的替代性，而数量对于质量的替代作用则较弱，有时甚至无法替代。

相比于世界上其他国家，我国拥有庞大的人力资源数量，但在质量上还有待提高。随着信息时代和知识经济时代的到来，社会经济的发展对于人力资源的质量提出了更高的要求。我国应当加大对教育的投入，不断提高国民的基本素质和知识技能水平，以应对国际竞争与挑战。

（二）人力资源与其他相关概念的关系

人力资源概念与人口资源、劳动力资源和人才资源等概念相关。

人口资源，是指一个国家或地区的人口总体，它是其他有关人的资源的基础，表现为一个数量概念。

劳动力资源，是指一个国家或地区具有劳动能力并在劳动年龄范围内的人口总和，即人口资源中拥有劳动能力并在法定劳动年龄段的那一部分。

人才资源，是指一个国家或地区中具有较强的专业技术能力、创造能力、管理能力和研究能力的人的总称，它是人力资源中的高端人群。

相比之下，人力资源强调人们所具有的劳动能力，它超过了劳动力的资源范围，涵盖了全部人口中所有具有劳动力的人口，包括现实的和潜在的劳动力资源。

人口资源、人力资源、劳动力资源和人才资源四者之间存在包含关系和数量基础关系。人口资源和劳动力资源侧重人的数量和劳动者数量；人才资源突出人口的质量，而人力资源强调人口数量和质量的统一。

（三）人力资源的基本特征

人本身所具有的生物性、能动性、智力性和社会性，决定了人力资源具有以下基本特征。

1. 人力资源的能动性

人力资源的首要特征是能动性，是与其他一切资源最本质的区别。一切经济活动首先都是人的活动，由人的活动才引发、控制、带动了其他资源的活动。自然资源、物质资源及人力资源等在被开发的过程中完全处于被动的地位，而人力资源的开发与利用，是通过拥有者自身的活动来完成的，具有能动性。这种能动性主要表现在人们的自我强化、选择职业和劳动的积极性等方面。人的自我强化，是指人通过学习能够提高自身的素质和能力，可以通过努力学习、锻炼身体等自身积极行为，使自己获得更高的劳动能力。人力资源通过市场来调节，选择职业是人力资源主动与其他资源结合的过程。积极劳动或劳动积极性的发挥是人力资源发挥潜能的决定性因素。因此，开发和管理人力资源不仅要关注数量、质量等外部特性问题，也要重视怎样调动人的主观能动性，怎样发挥人的劳动积极性问题。

2. 人力资源的再生性

经济资源分为可再生性资源和非可再生性资源两大类。非可再生性资源最典型的是矿藏，如煤矿、金矿、铁矿、石油等，每开发和使用一批，其总量就减少一批，绝不能凭借自身的机制加以恢复。另一些资源，如森林，在开发和使用过后，只要保持必要的条件，可以再生，能够保持资源一定的数量。人力资源也具有再生性，它基于人口的再生产和劳动力的再生产，通过人口总体内个体的不断更替和"劳动力耗费—劳动力生产—劳动力再次耗费—劳动力再次生产"的过程得以实现。同时，人的知识与技能陈旧、老化也可以通过培训和再学习等手段得到更新。当然，人力资源的再生性不同于一般生物资源的再生性，除了遵守一般生物学规律，它还受人类意识的支配和人类活动的影响。从这个意义上来说，人力资源要实现自我补偿、自我更新、持续开发，就要求人力资源的开发与管理注重终身教育，加强后期的培训与开发。

3. 人力资源的角色两重性

人力资源既是投资的结果，又能创造财富；或者说，它既是生产者，又是消费者，具有角色两重性。人力资源的投资来源于个人和社会两个方面，包括教育培训、卫生健康等。人力资源质量的高低，完全取决于投资的程度。人力资源投资是一种消费行为，并且这种消费行为是必需的，先于人力资本的收益。研究证明，人力资源的投资具有高增值性，无论从社会还是从个人角度看，都远远大于对其他资源投资所产生的收益。

4. 人力资源的社会性

人处在一定的社会之中，人力资源的形成、配置、利用、开发是通过社会分工来完成的，是以社会的存在为前提条件的。人力资源的社会性，主要表现为人与人之间的交往及由此产生的千丝万缕的联系。人力资源开发的核心，在于提高个体的素质，因为每一个个体素质的提高，必将形成高水平的人力资源质量。但是，在现代社会中，在高度社会化大生产的条件下，个体要通过一定的群体来发挥作用，合理的群体组织结构有助于个体的成长及高效地发挥作用，不合理的群体组织结构则会对个体构成压制。群体组织结构在很大程度上又取决于社会环境，社会环境构成了人力资源的大背景，它通过群体组织直接或间接地影响人力资源开发，这就给人力资源管理提出了要求：既要注重人与人、人与团体、人与社会的关系协调，又要注重组织中团队建设的重要性。

二、人力资源管理

（一）人力资源管理的含义

人力资源管理作为企业的一种职能性管理活动的提出，最早源于工业关系和社会学家巴克（Balkke）于 1958 年发表的《人力资源功能》一书。该书首次将人力资源管理作为管理的普遍职能来加以讨论。美国著名的人力资源管理专家诺伊（Noe）等人在《人力资源管理：赢得竞争优势》一书中提出，人力资源管理是指影响雇员的行为、态度及绩效的各种政策、管理实践及制度。美国的舒勒（Schuler）等人在《管理人力资源》一书中提出，人力资源管理是采用一系列管理活动来保证对人力资源进行有效的管理，其目的是实现个人、社会和企业的利益。德斯勒（Dessler）在《人力资源管理》一书中提出，人力资源管理是为了完成管理工作中涉及人或人事方面的任务所需要掌握的各种概念和技术。比尔（Beer）则提出人力资源管理包括会影响公司和雇员之间关系的（人力资源）所有管理决策和行为。

综上界定，人力资源管理是指根据企业发展战略的要求，有计划地对人力资源进行合理配置，通过对企业中员工的招聘、培训、使用、考核、激励、调整等一系列过程，调动员工的积极性，发挥员工的潜能，为企业创造价值，确保企业战略目标的实现。这些活动主要包括企业人力资源战略的制定、员工的招募与选拔、培训与开发、绩效管理、薪酬管理、员工流动管理、员工关系管理、员工安全与健康管理等。人力资源管理的内涵至少包括以下内容：一是任何形式的人力资源开发与管理都是为了实现一定的目标，如个人家庭投资的预期收益最大化、企业经营效益最大化及社会人力资源配置最优化；二是人力资源管理只有充分有效地运用计划、组织、指挥、协调和控制等现代管理手段才能达到人力资源管理目标；三是人力资源管理主要研究人与人关系的利益调整、个人的利益取舍、人与事的配合、人力资源潜力的开发、工作效率和效益的提高，以及实现人力资源管理效益的相关理论、方法、工具和技术；四是人力资源管理不是单一的管理行为，必须将相关管理手段相互配合才能取得理想的效果。

人力资源管理的基本任务是根据企业发展战略要求，吸引、保留、激励与开发企业所需人力资源，促成企业目标实现，从而使企业在市场竞争中得以生存和发展。具体表现为求才、用才、育才、激才、护才和留才。

（二）人力资源管理的目标

人力资源管理目标是指企业人力资源管理需要完成的职责和需要达到的绩效。人力资源管理既要考虑组织目标的实现，又要考虑员工个人的发展，强调在实现组织目标的同时实现个人的全面发展。

1. 改善工作生活质量，满足员工需要

工作生活质量可以被描述为一系列的组织条件和员工工作后产生的安全感、满意度及自我成就感的综合，它描述了工作的客观态度和员工的主观需求。良好的工作生活质量能够使工作中的员工产生生理和心理健康的感觉，从而有效地提高工作效率。

2. 提高劳动生产率，获得理想的经济效益

劳动生产率、工作生活质量和企业经济效益三者之间存在着密切的联系。从人力资源管理的角度讲，提高劳动生产率是要让人们更加高效而不是更加辛苦地工作。人力资源管理能够有效地提高和改善员工的生活质量，为员工提供一个良好的工作环境，以此降低员工流动率。通过培训等方法，实现人力资源的精干和高效，提高潜在的劳动生产率，从而获得理想的经济效益。

3. 培养全面发展的人才，获取竞争优势

随着经济全球化和知识经济时代的到来，人力资源日益成为企业竞争优势的基础，大家都把培养高素质的、全面发展的人才当作首要任务。通过对

人力资源的教育与培训、文化塑造，可以有效地提高人力资源核心能力的价值，获取竞争优势。

（三）人力资源管理的功能

人力资源管理是以人为对象的管理，在某种意义和程度上，至少涉及以下五种功能。

1. 获取

根据组织目标，确认组织的工作要求及人数等条件，从而进行规划、招聘、考试、测评、选拔与委派。

2. 整合

通过企业文化、价值观和技能的培训，对已有员工进行有效整合，从而达到动态优化配置的目的，并致力于从事人的潜能的开发活动。

3. 保持

通过一系列薪酬、考核和晋升等管理活动，保持企业员工的稳定和调动其工作的积极性及提供安全健康的工作环境，增加其满意感，从而使其安心和满意地工作。

4. 评价

对员工工作表现、潜质和工作绩效进行评定和考核，为做出相应的奖惩、升降和去留等决策提供依据。

5. 发展

通过员工培训、工作丰富化、职业生涯规划与开发，促进员工的知识、技能和其他方面素质的提高，使其劳动能力得到增强和发挥，最大限度地实现个人价值和企业价值的结合，达到员工个人和企业共同发展的目的。

（四）人力资源管理的特征

从人力资源管理的含义可以看出，人力资源管理具有以下几个明显的特征。

1. 综合性

人力资源管理是一门综合性的学科，需要考虑种种因素，如经济、政治、文化、组织、心理、生理、民族等。它涉及经济学、系统学、社会学、人类学、心理学、管理学、组织行为学等多种学科。

2. 实践性

人力资源管理的理论，来源于实际生活中对人的管理，是对这些经验的概括和总结，是现代社会化大生产高度发达，市场竞争全球化、白热化的产物。应该从中国实际出发，借鉴发达国家人力资源管理的研究成果，解决我国人力资源管理的实际问题。

3. 民族性

人的行为深受其思想观念和感情的影响，而人的思想观念和感情则受到民族文化的制约。因此，人力资源管理带有鲜明的民族特色。

4. 社会性

作为宏观文化环境的一部分，社会制度是民族文化之外的另一个重要因素。在影响劳动者工作积极性和工作效率的各因素中，生产关系和意识形态是两个重要因素，而它们都与社会制度密切相关。

5. 发展性

任何一种理论的形成都要经历一个漫长的时期，各个学科都不是封闭的、停滞的体系，而是开放的、发展的认识体系。随着其他相关学科的发展及人力资源管理学科本身不断出现新问题、新思想，人力资源管理正进入一个蓬勃发展的时期。

三、现代人力资源管理与传统人事管理的区别

（一）产生的时代背景不同

人事管理是随着社会工业化的出现与发展应运而生的。而人力资源管理是在社会工业化迅猛发展、科学技术高度发达、人文精神日益高涨、竞争与合作不断加强、特别是社会经济有了质的飞跃的历史条件下产生和发展起来的。

（二）对人的认识不同

传统人事管理将人视为等同于物质资源的成本，将人的劳动看作一种在组织生产过程中的消耗，把人当作一种工具，注重的是投入使用和控制。人事管理主要关注如何降低人力成本，正确地选拔人，提高人员的使用效率和生产效率，避免人力成本的增加。

人力资源管理把人视为组织的第一资源，将人看作"资本"。这种资本通过有效的管理和开发可以创造更高的价值，它能够为组织带来长期的利益。因此，现代人力资源管理更注重对人力的保护和开发。

（三）基本职能不同

传统人事管理基本上属于行政事务性的工作，其职能是具体的、技术性的事务管理职能，活动范围有限，短期导向，主要由人事部门职工执行，很少涉及企业高层战略决策。而人力资源管理的职能具有较强的系统性、战略性和时间的长远性。为实现组织的目标，建立一个人力资源规划、开发、利

用与管理的系统，可以提高组织的竞争能力。因而，现代人力资源管理与传统人事管理的最根本区别在于，现代人力资源管理具有主动性、战略性、整体性和未来性，更适合当今全球经济一体化的组织管理模式与发展趋势。

第二节 人力资源管理的基本原理

一、要素有用原理

人力资源管理过程中，我们首先要遵循的一个宗旨就是任何要素都是有用的。换言之，没有无用之人，只有没用好的人。我们必须承认人人有其才，即每个人都有他的"闪光点"，都有他突出的地方。比如，有的人创新能力很强，有的人组织协调能力很强，有的人表达能力和自我展示能力很强，还有的人对社会经济发展变化适应的能力很强，等等。这种差异要求人力资源开发工作者要有深刻的认识，对人不可求全责备，而是在人力资源配置过程中要注意合理地搭配组合人才，充分发挥每个人的优势，而不是只采用淘汰的办法，使人人都有不安全感。

二、个体差异原理

个体素质差异是人力资源素质测评存在的客观基础。

个体差异原理是在遗传、环境和个体能动性三个因素共同作用下形成和发展的。个体差异包括两方面：一是能力性质、特点的差异，即能力的特殊性不同；二是能力水平的差异，即承认人与人之间能力水平上的差异，目的是为了在人力资源的利用上坚持能级层次原则，实现各尽所能、人尽其才。

三、能级层次原理

能级层次原理指的是具有不同能力层次的人，应安排在要求相应能级层次的职位上，并赋予该职位应有的权力和责任，使个人能力水平与岗位要求相适应。

组织中的所有职位，都要根据业务工作的复杂程度、难易程度、责任轻重及权力大小等因素，统一划分出职位的能级层次。不同的能级应该有明确的责、权、利。责不交叉，各负其责；权要到位，责权相应；利与责权相适应，责是利的基础。要做到在其位谋其政、行其权、取其利。各人所对应的能级不是固定不变的，当一个人的能力层次上升时，其所对应的职位能级必然发生变化。

四、互补增值原理

由于人力资源系统每个个体的多样性、差异性，每个人各有所长、各有所短，通过个体之间取长补短，可以发挥个体优势，并形成整体功能优化。当个体和个体之间、个体与群体之间具有相辅相成作用的时候，互补产生的合力要比单个人的能力简单相加而形成的合力大得多，群体的整体功能就会被正向放大。互补增值原理最重要的是要"增值"，互补的一组人必须有共同的理想和目标。

互补的内容主要包括以下几点。

1. 知识互补

不同知识结构的人思维方式不同，他们互为补充，就容易引起"思想火花"的碰撞，从而获得最佳方案。

2. 性格互补

一个集体中，若每个个体各自具有不同的性格特点，而且具有互补性，那么，作为一个整体而言，这个集体就易于形成良好的人际关系和胜任处理各种问题的良好的性格结构。在性格方面应该刚柔并济，比如，一个组织中既要有踏踏实实的"管家型人才"，也要有敢闯敢冲的"将军型人才"和出谋划策的"协调型人才"。

3. 能力互补

能力互补即一个组织中应集中各种能力的人才，既要有善于经营管理的，也要有善于公关协调的，还要有善于搞市场营销的和做行政人事的，等等。

4. 性别互补

性别互补是指既发挥女性细心、耐心的优势，又展示男性粗犷、坚强的一面，各展其优又各施所长。

5. 年龄互补

一个组织中，既要有经验丰富、决策稳定的老年人，也要有精力充沛、反应敏捷的中年人，还要有勇于开拓、善于创新的青年人。不同年龄段的人相互补充，组织效率会更高。

6. 关系互补

每个人都有自己特殊的社会关系，包括亲戚、朋友、同学、同乡等。如果一个集体中，每个人的社会关系重合不多，具有较强的互补性，那么从整体上看，就容易形成集体的社会关系优势。

五、激励强化原理

激励强化原理又称效率优先原理，是指通过奖励和惩罚，使员工明辨是非，对员工的劳动行为实行有效激励（根据人们需求的变化，激励应逐步向个性化方向发展，应根据不同层次、不同性格员工的不同需求，采用多样化、个性化的激励方式），激发员工的动机，使之产生实现组织期望目标的特定行为。

人的潜能是巨大的，按照 2∶8 黄金定律和管理学家统计研究结果，一个计时工只要发挥个人潜力的 20 %~30 % 即可保住饭碗，但通过恰当的激励，这些工人潜能可能发挥出 80 %~90 %。可见，激励可以调动人的主观能力性，强化期望行为，从而显著提高劳动生产率。

各级主管应当充分有效地运用各种激励手段，对员工的劳动行为实行有效激励。例如，对员工有奖有惩、赏罚分明，才能保证各项制度的贯彻实施，才能使每个员工自觉遵守劳动纪律，严守岗位，各司其职、各尽其力。如果干与不干、干好与干坏都一样，那么就不利于鼓励先进、鞭策后进、带动中间，不利于把企业的各项工作搞好。此外，通过企业文化的塑造，特别是企业精神的培育，教育、感化员工，可以提高组织的凝聚力和员工的向心力；通过及时的信息沟通和传递及系统的培训，可以使员工掌握更丰富的信息和技能，促进员工观念、知识上的转变和更新，这些都是有效的激励手段。

六、投资增值原理

投资增值原理是指对人力资源的投资可以使人力资源增值，而人力资源增值是指人力资源品位的提高和人力资源存量的增大。劳动者劳动能力的提高主要靠两方面投资：营养保健投资和教育培训投资。任何一个人要想提高自己的劳动能力，就必须在营养保健和教育培训方面进行投资；任何一个国家要想增加本国人力资源存量，就必须加强教育投资，完善社会医疗保健体系。

七、弹性冗余原理

弹性冗余原理是指人力资源聘任、使用、解雇、辞退、晋升等过程中必须留有充分的余地，保持弹性。"弹性"通常有一个"弹性度"，超过了这个"度"，弹性就会丧失。人力资源也一样，人们的劳动强度、劳动时间、劳动定额等都有一定的"度"，超过这个"度"进行开发，只会使人身心疲惫、精神萎靡不振，造成人力资源的巨大损失。

弹性冗余原理包括以下主要内容。

1. 确定员工编制

确定员工编制时应留有一定的余地，使企业有吸纳贤才的空间和能力。

2. 员工使用要适度、有弹性

（1）必须考虑劳动者体质的强弱，使劳动强度具有弹性。

（2）必须考虑劳动者智力的差异，使劳动分工具有弹性。

（3）必须考虑劳动者年龄、性别的差异，使劳动时间有适度的弹性。

（4）必须考虑劳动者性格、气质的差异，使工作定额有适度弹性。

（5）必须考虑行业的差异，使工作负荷有弹性。

人力资源的使用要在充分发挥和调动人力资源的能力、动力和潜力的基础上，主张松紧合理、张弛有度、劳逸结合，努力创造一个有利于促进劳动者身心健康、提高劳动效能的工作环境，要注意防止和克服管理中的消极弹性，使员工更有效、更健康、更有利地开展工作。

3. 企业目标的确定要有弹性

企业目标的确定要有弹性，经过努力无法达到的目标会使员工丧失信心。

4. 解雇或辞退员工

解雇或辞退员工时，一定要事先做好充分的调查，留有余地，使被辞退的员工心服口服，同时对其他员工起到教育和警戒的作用。

5. 员工晋升

员工晋升要有弹性，不成熟的人才可以暂缓晋升。晋升应该坚持公开、公平、公正的原则。

八、动态适应原理

动态适应原理是指在人员配备过程中，人与事、人与岗位的适应性是相对的，不适应是绝对的，从不适应到适应是一个动态的过程。随着事物的发展，适应又会变为不适应，又要不断调整以达到重新适应。这种"不适应—适应—再不适应—再适应"是循环往复的过程。因此，人员配备和调整不应该是一次性的活动，而是一项经常性的工作。

现代社会是动态的社会，物质在动，信息在动，人力资源也在不断地流动。对个人来说，有主动择业的权利；对于组织来说，则可以对人的工作进行适时地纵向或横向调整；对于国家来说，可以通过制定政策，引导人才合理流动。人才流动是绝对的，人才在流动中寻找适合自己的位置，组织则在流动中寻找适合组织要求和发展的人才。所以，人力资源开发要正确地认识流动，保持一种动态性开发的态势，促进人才在流动中得到优化配置。

九、系统优化原理

系统优化原理是指人力资源系统经过组织、协调、运行、控制，使其整体能获得最优绩效的过程。在这方面，表现最为简单的就是有关企业组织架构的设计，这便是人力资源部门为满足系统优化而进行的战略性人力资源调整。系统优化原理是人力资源开发与人力资源管理中最重要的原理。

人力资源的系统优化原理包括以下内容。

（1）系统的整体功能不简单地等于部分功能的代数和。整体功能可能出现大于、等于或小于部分功能之和三种情况。

（2）系统的整体功能必须达到最大，也就是在大于部分功能之和的各值中取其最优。

（3）系统的内部消耗必须达到最小，系统内耗的主要原因是系统人员之间的目的分歧、利益的冲突而导致的相互摩擦与能量抵消。减少内耗主要应采取目标整合、利益协调等措施。

（4）系统内人员状态达到最佳。系统最佳状态表现为系统内人员身心健康、目标一致、奋发向上、关系和谐、充满快乐。

（5）系统对外的竞争能力必须最强。系统对外的竞争力取决于系统对外部环境的适应力与系统内的凝聚力。

人力资源系统面对的系统要素是人，而人具有复杂性、可变性和社会性。因此，要达到人的群体功效最优，必须注意协调。

第三节 现代人力资源管理的基本原则

在现代人力资源管理的过程中，要进行有效的人力资源管理，发挥人力资源管理在整个管理中的功能与作用，就必须研究和探讨人力资源管理的一些原则性的问题。实践证明，只有按照人力资源管理的基本规律和原则办事，才能从根本上确保人力资源管理的科学化。一般而言，在现代人力资源管理的过程中，应遵循和掌握的基本规律和原则有以下几个方面。

一、分类管理的原则

分类管理就是根据工作性质、职业特点及人才成长和发展的规律，对不同类型和性质的工作人员采用不同的管理方式，建立各具特色的管理制度。对工作人员实行分类管理既是现代人事管理的重要特征，也是当今世界上许多国家人事管理中的一条重要原则。

从我国的实际出发，实行分类管理，首先就是要对现有的"国家干部"进行分解，然后依据各类人员的不同特点，建立相应的管理制度和采用适当的管理方法。

其具体内容和要求主要有以下四点。

（1）对政府中行使国家行政权力、执行国家公务的人员，建立公务员制度，依照公务员法进行管理。

（2）对国家审判机关和检察机关的工作人员，可以制定司法人员条例进行管理。

（3）对党组织的领导机关人员，由党的有关部门制定管理条例，由各级党委及其职能部门依照有关的条例进行管理。

（4）对民主党派、社会团体、企事业单位和从事其他社会职业的工作人员，都制定相应的管理制度，分别由有关部门进行管理。

实行分类管理的好处：首先，有助于根据各行各业的职业特点，建立与之相适应的管理制度和管理方法，建立起各具特色的管理制度。其次，有利于消除管理权限的过分集中和管理方式的陈旧单一，有利于专门人才的培养和成长。最后，有利于加强和健全人事立法工作。人事立法工作的主要任务就是要建立各具特色的人事管理方式和制度，根据各种人才成长的规律，制定出适合各种人才成长和发展的管理条例和管理法规，而这一任务的完成，就必须要以分类管理为前提，不实行分类管理，人事立法工作就很难进行。

二、依法管理的原则

依法管理就是在人力资源管理中，对工作人员的选用、考核、奖惩、培训、晋升、降职、流动工资、保险、福利、退休和退职等，要依照有关的法律法规来进行，以保证人力资源管理的科学化、制度化和法制化。依法管理，这是世界各国人力资源管理中公认的重要原则，也是我国干部人事制度改革的重要内容和方向之一。在人力资源管理中，坚持依法管理的原则就是要力求做到有法可依、有法必依、执法必严、违法必究。有法可依就是指在人力资源管理过程中，需重视和加强人事立法工作，使人事管理工作有法可依、有章可循。有法必依就是在人力资源管理过程中，必须遵守有关的法律法规，按照法律法规所规定的原则、程序，依法进行管理。即在人员的选用、考核、奖惩、培训、晋升、降职、工资待遇、退休退职等方面，严格遵守法律规定，遵守人事管理的有关法规。执法必严，就是人事管理者、人事监察部门和人事司法仲裁机关在实施人事管理法规的过程中，必须做到严明、严格、严肃，切实按照人事管理法规规定的内容、精神和程序来办事，维护人事管理法规的权威性和严肃性，对于违反人事管理法规的行为，依法予以处理。违法必究，就是在人事管理的过程中对一切违反人事管理法规的行为，必须依法予以追究和制裁，任何组织和个人都不得例外。坚持一切组织和个人在法律面前一律平等的原则，这也是实现违法必究的一个重要前提，决不允许有超越法律之外的和凌驾于法律之上的任何特权行为,对一切违反人事管理法规的组织、个人和特权行为都必须依法平等地予以追究和制裁。

三、公开、平等、竞争、择优的原则

公开、平等、竞争、择优是各国人事管理制度中的一条基本原则。公开、平等、竞争、择优就是在人事管理的过程中,对有关人员的选拔、考试、任用、聘用等,先公布有关的要求和条件,然后,根据公开、平等的原则,按照法定的程序,在适当的范围内公开进行,让每一个适合有关条件和要求的人,自愿地参加竞争,并根据竞争的结果择优录用。公开,就是要改变过去封闭、半封闭的神秘化的选拔人才的方式,面向社会,广招贤才,在人才的选拔和任用问题上实行公开化原则,具体地讲,就是竞争的要求和条件公开、筛选的程序和规则公开、考核考试的成绩公开、择优取舍的结果公开。总之,就是竞争的内容、程序和结果公开。自由,就是竞争者要在宪法、法律及有关法规规定的范围内,自愿地参与竞争。平等,就是指不受民族、性别、出身、职级等因素的限制,在竞争过程中让每一位参与者平等地享有有关方面的知识,平等地享有显露才华的机会,平等地争取被选拔、被任用的机会。竞争和择优,就是通过竞争并根据竞争的结果来择优录用人才和使用人才。竞争是推动经济和社会发展的决定性机制,商品经济的竞争,其主要表现形式就是市场竞争,任何企业或经济实体,要想在市场上赢得优势,立于不败之地,就必须不断地更新技术,改善和加强生产经营管理,提高劳动生产率。要达到这一目的,就必须根据各自的需要,选拔各种优秀人才,而过去那种靠上级选拔人才和任用干部的办法,越来越不能适应市场经济发展的需求,要改变这种状况,就必须把竞争机制引入人事管理领域,使各种优秀人才在竞争中脱颖而出。

四、注重实绩原则

注重实绩是指在人事管理活动中,把实际的工作成绩作为衡量工作人员贡献大小、思想水平高低和工作能力高低的主要标准,以此作为选拔、晋升、奖惩的重要依据。实绩就是指一个人对社会所做的实际贡献,它包括一个人的劳动成果和凝结在劳动成果中的劳动量,是劳动成果和劳动量的统一。实绩是一个人德才的集中表现,是其思想政治品质和知识才能等诸种因素的综合反映,它具有一定的客观性和可比性。客观性是一个人的劳动成果及凝结在劳动成果中的劳动量,是一种客观存在,是不以人的意志为转移的,也是任何人都否定不了的;可比性是指由于实际成绩是客观存在的,所以实绩是

可以相互比较的，通过对实际工作成绩的比较，可以看出一个人德才水平的高低和工作能力的大小。在人事管理中，坚持注重实绩的原则，既有利于纠正过去忽视工作成绩、单纯重视政治标准的倾向，又有利于克服脱离实际、不干实事的歪风，同时还可以克服在人才的选拔和任用上，搞任人唯亲、论资排辈等不正之风。在人事管理中，以实绩为依据，以实绩作为晋升与奖惩的标准，可以激发起人们工作的进取心、积极性和创造性，鼓励人们踏踏实实地干实事、办好事，充分发挥自己的聪明才智，争取做出更大的成绩。

五、民主监督和公开监督的原则

在人力资源管理中，实行民主监督和公开监督的原则，对于提高人事管理工作的透明度，提高公众的参与程度，改善和加强人事工作的有效性有着积极的作用。民主监督就是在人事管理过程中，通过群众的民主评议、民主测评、民主对话、举报、来信、来访等形式，对工作人员，特别是领导干部，以及人事管理部门的管理活动实行监督。公开监督就是在人事管理活动中，对工作人员的选拔、考核、奖惩、晋升、待遇等实行公开化。

在现代人力资源管理中要坚持民主监督和公开监督的原则：首先，提高人事工作的开放程度，即通过现代化的新闻和宣传工具，以及其他各种途径，公开人事活动的基本情况，使群众和社会各界享有充分的知情权；其次，充分利用新闻媒介的作用，即充分利用广播、电视、报刊等新闻媒介，充分反映人民群众对人事活动的态度和看法，以此来促使其不断地克服工作中的困难，提高工作效率；最后，发挥各种政治组织和群众组织的公开监督作用，即调动各级党政机关、各民主党派、各人民团体、工会、共青团、妇联等群众团体的积极性，使他们积极地参与和监督人事管理工作，尤其是领导人员和人事管理部门的工作。总之，在人力资源管理过程中，坚持广泛的、有效的民主监督和公开监督原则，对于克服官僚主义和各种不正之风，发扬人民群众和社会各界当家作主的主人翁精神，调动人们工作的主动性和积极性，实现人力资源管理的民主化和科学化具有重要的意义。

第四节 现代人力资源管理发展的新趋向

一、人力资源管理面临的挑战

在科技和信息高度发达的知识经济时代，面对汹涌而来的新世纪大潮，企业面临前所未有的严峻挑战，人力资源管理只有适应不断发展的新形势，顺应历史潮流，才能在激烈的竞争中立于不败之地。人力资源管理作为获取竞争优势的重要工具，面临着前所未有的挑战。

（一）全球化的挑战

随着世界经济一体化的步伐加快及知识经济和信息经济时代的到来，市场环境不断变化，只有竞争力强的企业才能在风云变幻的市场中立于不败之地。而人力资源管理是企业管理的重要组成部分，同样面临着来自外部环境的各种挑战。具体表现在生产要素在全球范围内加速流动，国家之间的经济关联性和依存性不断增强。人力资源管理的内容和方法在经济一体化进程中面临不同的政治体制、法律规范和风俗习惯的冲击。

（二）技术进步的挑战

面对激烈的市场竞争，企业必然要不断提高劳动生产率，提高产品质量，改善服务态度。而技术的进步可以提高企业核心竞争力，同时可以改变企业的工作性质，于是，新技术便应运而生。网络技术的发展改变了人们的工作和生活方式，被广泛应用于人力资源管理的各个领域。这些新技术的出现，必然会给人力资源管理带来新的挑战，同时也会带来生机和活力。企业只有充分地利用这些新技术，才能在竞争激烈的当今社会立于不败之地。

（三）管理模式创新的挑战

传统的人力资源管理模式大体上可以分为以美国为代表的西方模式和以日本为代表的东方模式两大类。西方模式的特点是注重外部劳动力市场，人员流动性大，是对抗性的劳资关系，薪资报酬较刚性，等等；而东方模式注重内部招聘和提拔、员工教育培养、团队参与管理、工资弹性等。两种模式都被证明是有效的，但都存在一定的缺陷。知识经济时代，人力资源管理模式将是人本管理模式、团队管理模式、文化管理模式、以知识管理为中心的企业管理模式等几种管理模式的交融与创新，它要求管理要以人为中心，人处于一种主动的地位，要尽可能地开发人的潜力，因此人力资源管理被提到新的高度。知识经济时代，企业既要做好适应全球经济竞争加剧的准备，又要真正认识到人才才是企业最重要的战略资源。企业应打造优秀的企业文化，营造良好的工作环境，以此感染员工、凝聚员工，塑造新的、更具竞争能力的员工队伍。发挥团队优势，以知识管理为中心，来适应知识经济时代下人力资源管理模式创新的挑战。

（四）组织结构变革的挑战

传统的层级化、组织化结构是以直线制为代表的纵向一体化模式，强调命令与控制，员工清楚自己的工作在整个组织中的作用和地位，晋升路线明显，组织中的报告关系清楚，有利于协调员工的工作以实现组织的目标。但是，公司越大就会造成越多的职能层级，过多的层级把不同阶层的雇员分割开来，并造成诸如机构臃肿、官僚作风不正、效率低下等弊端。传统的层级划分损害了员工的积极性和创造性，决策过程的烦琐阻碍了竞争优势的发挥。

在知识经济时代下，企业的组织结构呈现扁平化、网络化、柔性化。这种组织结构提高了员工的通用性和灵活性。组织根据各自员工的专长组成各种工作小组，以完成特定的任务，而不再是对员工的具体任务有明确规定的传统的金字塔式的结构，这使得主要承担上下之间信息沟通的中间管理层失去了应有的作用而遭到大幅精简，员工的晋升路线也不再局限于垂直晋升，如角色互换。这些变化也对人力资源管理提出了新的要求，管理者需要从战略高度重视人力资源的开发与管理，以确保员工拥有知识、技能和经验的优势，确保人员配置实现优化组合。组织结构的变革将是今后一段时间内企业面临的重要问题。

二、人力资源管理发展的新趋势

随着企业管理的逐渐发展，企业越来越重视"人"的作用。逐渐认识到人力资源是企业最重要的资源。因此，人力资源管理成为现代企业与发展中一项极为重要的核心技能，人力资源的价值成为衡量企业核心竞争力的关键性标志之一。随着经济全球化的发展，人力资源管理受到了重大的影响和挑战，如信息网络化的力量、知识与创新的力量、顾客的力量、投资者的力量、组织的速度与变革的力量等。21世纪，人力资源管理既有着工业文明时代的深刻烙印，又反映着新经济时代"游戏规则"的基本要求，从而呈现出新的发展趋势。

（一）人力资源战略地位日益加强

新形势下，人力资源管理要为企业战略目标的实现承担责任。人力资源管理在组织中的战略地位上升，并在组织上得到保证，例如，很多企业成立人力资源委员会，使高层管理者关注并参与企业人力资源管理活动。人力资源管理不仅是人力资源职能部门的责任，而且是全体管理者的责任。企业高层管理者必须承担对企业的人力资源管理责任，关注有关人力资源管理的各种政策。

（二）"以人为本""能本管理"

随着知识经济和信息时代的到来，工业时代基于"经济人"假设的人力资源管理工具越来越不适应管理实践的发展，人力资源管理趋向于以"社会人""复杂人"为假设的"人本管理"。人本管理要求管理者注重人的因素，树立人高于一切的管理理念，并在其管理实践过程中形成一种崭新的管理思想，就是以人的知识、智力、技能和实践创新能力为核心内容的"能本管理"。能本管理是一种以能力为本的管理，是人本管理发展的新阶段。能本管理的本质就是尊重人性的特征和规律，开发人力，以实现社会、组织和个人的目标。

（三）着眼于激活员工的创造性

创新是企业的生命和活力，更是企业生存和发展的决定因素，知识经济时代的核心特征是涌现出大批持续创新的人才。因此，企业人力资源管理的重点就是要激发人的活力、挖掘人的潜力、激活人的创造力，通过引导员工了解企业发展目标，围绕具体项目，赋予他们一定的处置权和决策权，并完善相关的薪酬晋升和约束机制，鼓励员工参与企业管理和创新，给予他们足够的信任，使其感到自己对企业的影响力，从而释放人力资源的创造潜能，为企业发展开辟永不枯竭的动力源泉。

（四）人力资本特性突出

人力资本是指企业员工所拥有的知识、技能、经验和劳动熟练程度等。在知识经济时代，知识、技术和信息已成为企业的关键资源，而人是创造知识和应用知识的主体。因此，人力资本成为企业最关键的资源，也是人力资源转变为人才优势的重要条件。现代人力资源管理的目标指向人的发展，就是要为员工创造良好的工作环境，帮助或引导员工成为自我管理的人，在特定的工作岗位上创造性地工作，在达到企业目标的同时，实现员工全面的自我发展。应该注意的是，人力资本不仅是一种资本，也是一种实际的投资行为，因而人力资本的投入是要与一定的收益相匹配的。

（五）人力资源管理全球化、信息化

随着世界各国经济交往和贸易的发展，全球经济日益成为一个不可分割的整体，这种经济变化趋势已彻底改变了竞争的边界。国际竞争的深化必然推动企业在全球内的资源配置，也必然推动人力资源的全球配置。管理人力资源的难度、培训的难度、不同文化的冲突、跨文化管理，都将成为企业人力资源管理的重要课题。此外，知识经济也是一种信息经济、网络经济，人力资源也将逐步融入信息时代，呈现出鲜明的信息化和网络化特征。

企业要想使自身的人力资源管理顺应时代发展的潮流，就应该牢牢把握住人力资源管理发展的新趋势。与时俱进，不断创新，在符合人力资源管理发展方向的前提下，结合企业的特点，制定出切实可行的人力资源管理政策，为企业保驾护航，伴企业一路前行。

第四章 人力资源战略

第一节 人力资源战略概述

一、人力资源战略定义

人力资源战略是企业根据内部和外部环境分析，确定企业目标，从而制定出企业的人力资源管理目标，进而通过各种人力资源管理职能活动实现企业目标和人力资源目标的过程。人力资源战略是从企业战略引申出来的，如果考虑人力资源管理与企业战略之间的关系和相互适应性，人力资源战略是指在一定的战略目标和竞争环境下，对企业人力资源的长远需求、管理方式进行有效的、系统的管理过程。通俗地说，人力资源战略是企业关于人力资源在战略层次方面的长远规划。人力资源战略上接企业战略，下到人力资源方案的落实，由人力资源战略目标、战略规划组成。在战略视角下，员工被企业视为一种资源而不是一种成本；同时，人力资源管理的地位从传统的企业职能部门上升为企业的战略伙伴。

二、人力资源战略的影响因素

（一）环境因素

影响企业人力资源战略的最重要因素是外部环境和市场推动力。外部环境包括：行业的成熟度，行业内竞争的性质和密度，行业内的资源限制，行业内技术变革的类型、程度及可预测性，竞争的性质及程度，环境的限制性，等等。市场推动力包括劳动力市场和产品市场。企业面临的产品市场的全球化竞争程度越高，采用战略性人力资源措施的可能性越大。

（二）组织因素

组织的结构性，如规模、资源的丰富程度和复杂性都会影响组织采取战略性人力资源措施。

（三）制度和法律因素

根据制度理论，人力资源战略部分是出于企业合法性的需要，即企业和关键决策者认为，企业体现合法性的要求会影响企业采取战略性人力资源管理措施的速度。企业基于人力资源战略的所有人力资源政策和措施都必须是合法的。

（四）技术因素

组织的技术因素会对组织产生两方面的影响：一是技术的进步会使企业更具竞争力；二是技术的进步会改变企业工作的性质，进而对员工的素质和能力提出更高的要求。

三、人力资源战略的内容

（一）人力资源开发战略

人力资源开发战略，就是指有效地发掘企业和社会上的人力资源，努力提高员工的智慧和能力所进行的长远性的谋划和方略。企业可供选择的人力资源开发战略方案：①引进人才战略；②借用人才战略；③招聘人才战略；④自主培养人才战略；⑤定向培养人才战略；⑥鼓励自学成才战略。

（二）人才结构优化战略

企业人才结构优化战略方案：①人才层次结构优化战略；②人才学科结构优化战略；③人才职能结构优化战略；④人才智能结构优化战略；⑤人才年龄结构优化战略。

（三）薪酬战略

主要是薪酬决定标准。薪酬决定标准是指决定薪酬高低的依据，包括岗位、技能、资历、绩效和市场状况等。究竟按照何种依据来决定薪酬，取决于有关依据的特征和企业的具体状况。

1. 基于岗位或技能

传统薪酬制度通常按岗位来决定薪酬，岗位分析能够科学地衡量一个岗位对公司的价值，可以避免薪酬的决定受人为因素的影响。但由于岗位是流动和变化的，企业无法用过去的岗位分析结果来衡量现在的岗位对公司的贡献。此外，同一岗位，工作人员不同，其绩效也不同。因此，按岗位支付薪酬难以保证其激励的公正性。技能薪酬观认为，员工尤其是掌握多种技能的员工是公司竞争力的源泉，企业应该根据员工的技能水平来决定员工的薪酬，但是，技能薪酬往往依据员工的潜在能力，而不是对企业的实际贡献来决定员工的薪酬，这容易导致员工薪酬与公司绩效相脱节，不利于公司的持续发展。

2. 基于绩效或资历

许多学者认为，应该依据为公司创造绩效的能力来确定薪酬。这种能力既可以通过绩效表现出来，也可以通过资历体现出来。如果公司确实能够精确地衡量绩效，并且相应地支付薪酬，那么这种薪酬制度就是公平的，并且也是有作用的，否则这种薪酬制度就不是公平的，甚至具有极大的破坏性。根据资历支付薪酬的一个假设前提：员工的资历越丰富，为企业创造价值的能力就越大。员工的资历比较直观，容易确定，实施起来也比较容易。许多公司希望能根据绩效来决定员工薪酬，但由于无法客观衡量绩效，最终还是根据资历来支付薪酬。

（四）人才使用战略

可供选择的企业人才使用战略方案：①任人唯贤战略；②岗位轮换使用战略；③台阶提升使用战略；④职务、资格双轨使用战略；⑤权力委让使用战略；⑥破格提拔使用战略。

（五）关于人力资源战略的选择

企业应结合以下因素来选择以上的各种人力资源战略：①国家有关劳动人事制度的改革和政策；②劳动力市场和人才市场的发育状况；③企业的人力资源开发能力；④企业人力开发投资水平；⑤社会保障制度的建立情况。

四、人力资源战略的意义

（一）人力资源战略是企业战略的核心

在企业竞争中，人才是企业的核心资源，人力资源战略处于企业战略的核心地位。企业的发展取决于企业战略决策的制定，企业的战略决策基于企业的发展目标和行动方案的制定，而最终起决定作用的还是企业对高素质人才的拥有量。有效地利用与企业发展战略相适应的管理和专业技术人才，最大限度地发掘他们的才能，可以推动企业战略的实施，促进企业飞速发展。

（二）人力资源战略可提高企业的绩效

员工的工作绩效是企业效益的基本保障，企业绩效的实现是通过向顾客有效地提供企业的产品和服务体现出来的。而人力资源战略的重要目标之一就是实施对提高企业绩效有益的活动，并通过这些活动来发挥其对企业做出的贡献。传统的人力资源管理是以"活动"为宗旨，主要考虑做什么，而不考虑成本和人力的需求。经济发展正在从资源型经济向知识型经济过渡，企业人力资源管理也就必须实行战略性的转化。从企业战略上讲，人力资源管理作为一个战略杠杆，能有效地影响公司的经营绩效。人力资源战略与企业经营战略相结合，能有效推进企业战略的调整和优化，促进企业战略的成功实施。

（三）利于企业形成持续的竞争优势

随着企业间竞争的日益白热化和国际经济的全球一体化，很难有哪个企业可以拥有长久不变的竞争优势。通常企业在创造出某种竞争优势后，在短时间内就被竞争对手所模仿，从而失去优势。而优秀的人力资源所形成的竞争优势很难被其他企业所模仿，所以正确的人力资源战略对企业保持持续的竞争优势具有重要意义。人力资源战略的目标就是不断增强企业的人力资本总和，扩展人力资本，利用企业内部所有员工的才能吸引外部的优秀人才，是企业战略的一部分。人力资源工作就是要保证各个工作岗位所需人员的供给，保证这些人员具有其岗位所需的技能，即通过培训和开发来缩短及消除企业各职位所要求的技能和员工所具有的能力之间的差距。当然，企业还可以通过设计与企业战略目标相一致的薪酬系统和福利计划、提供更多的培训、为员工设计职业生涯计划等来增强企业人力资本的竞争力，达到扩展人力资本、形成持续竞争的目的。

（四）对企业管理工作具有指导作用

人力资源战略可以帮助企业根据市场环境变化与人力资源管理自身的发展，建立适合本企业特点的人力资源管理方法。例如：根据市场变化确定人力资源的长远供需计划；根据员工期望，建立与企业实际相适应的激励制度；用更科学、先进、合理的方法降低人力成本；根据科学技术的发展趋势，有针对性地对员工进行培训与开发，提高员工的适应能力，以适应未来科学技术发展的要求等。一个适合企业自身发展的人力资源战略，可以提升企业人力资源管理水平，提高人力资源质量；可以指导企业的人才建设和人力资源配置，从而使人才效益最大化。将人力资源由社会性资源转变成企业性资源，最终转化为企业的现实劳动力。人力资源战略是实现企业战略目标、获得企业最大绩效的关键。研究和分析人力资源战略，有利于提升企业自身的竞争力，也是达到人力资本储存和扩张的有效途径。人力资源战略在企业实施过程中必须服从企业战略，企业战略形成的实际中也必须积极考虑人力资源因素，二者只有达到相互一致、相互匹配，才能促进企业的全面、协调、可持续发展。

五、人力资源战略目标

人力资源战略作为一种最重要的职能战略，受公司战略支配，并反作用于公司战略。在企业集团管理模式下，人力资源战略规划应当实现以下目标。

1. 根据企业集团战略目标，确定人力资源战略。

2. 深入分析企业人力资源面临的内外部环境，发现问题和潜在风险，提出应对措施。

3. 合理预测企业中长期人力资源需求和供给，规划和控制各业务板块人力资源发展规模。

4. 制定核心人才职业生涯发展规划，打造企业核心人才竞争优势；规划核心重点专业及技术领域员工队伍发展，提高员工综合素质；提出人力资源管理政策和制度的改进建议，提升整体管理水平。

六、人力资源战略的新方向——雇主品牌

雇主品牌这一概念产生于 20 世纪 90 年代初，是继企业形象品牌、产品品牌之后的第三种品牌，它是以雇主为主体，以核心员工为载体，以为雇员提供优质服务与特色服务为基础，旨在建立良好的雇主形象，提高雇主品牌在人才市场的美誉度与知名度，进而汇集优秀人才，提高企业核心竞争力的一种战略性品牌建设。近几年，随着人才竞争的加剧，雇主品牌日益受到关注，成为人力资源战略的新方向。雇主品牌的树立和推广是近年来企业关注的热点。

雇主品牌包括内部品牌和外部品牌两个部分。内部品牌是在现有的员工中树立品牌，它不仅仅是企业和雇员之间所建立的关系，还体现了企业为现有员工所提供的独特的职业发展途径；外部品牌则是在潜在员工中树立品牌，旨在使员工愿意来到本企业工作。良好的雇主品牌能够赢得企业内部员工的承诺，提高外部人才加入的意愿，吸引优秀的离职员工重新加入企业，以及使企业在劳动力市场上建立良好的形象。

企业品牌包含产品品牌和雇主品牌，是一个更广的概念。产品品牌针对的是目标消费群，雇主品牌针对的是企业的目标人才，企业品牌则针对的是包括消费者、股东、雇员和社会公众等在内的广泛大众。其中，产品品牌和雇主品牌是两个既有联系又有区别的概念。产品品牌能够扩大企业的知名度和美誉度，帮助企业树立更好的雇主品牌；雇主品牌则可以提高雇主的满意度，使其生产出高质量的产品，从而增强企业的产品品牌。

在战略同质化、知识资本化、工作人性化、人才竞争化的时代背景下，

人才、工作、雇主三者之间的关系发生了巨大的变化，雇主品牌的价值得到
了日益广泛的认可和重视。雇主品牌之所以重要，源于以下几个方面的原因。

（一）提升了企业的整体竞争优势

企业人力资源的质量、激励水平和绩效承诺对于企业在产品市场上的竞
争优势具有重要的作用。雇主品牌是雇主与雇员之间感情关系的体现，决定
了雇员在企业中的工作满意度、文化认同感和工作责任感，从而影响企业产
品和服务的质量。因此，雇主品牌是企业竞争优势的基石。

（二）提高了企业对人才的吸引力

雇主品牌将会成为人力资源市场上的一面旗帜，吸引优秀人才前来应聘
加盟，使得企业的人才库中英才济济，成为人才的蓄水池。

（三）减少了雇佣双方的适配风险

企业在选择应聘者的时候，即使应聘者已经达到企业要求胜任的条件，
对于双方而言，这种选择依然存在着双方适配的风险，因为影响雇佣双方适
配的因素有很多，而这些因素大多是隐形的，要等到人才进入企业一段时间
之后才能察觉。通过雇主品牌，向潜在的应聘者传递企业的价值观、文化、
雇佣关系等全方位的信息，能够吸引更为认同企业的人才，屏蔽一些价值观
念不一致的人才，减少双方适配的风险。

（四）雇主品牌具有标杆作用，能够留住核心员工

雇主品牌建设过程中，涉及品牌定位，与其他雇主品牌相比，品牌的标
杆作用使得企业不断向市场上的最佳雇主学习、效仿，从而保持在人力资源
市场上的品牌形象。这种标杆学习同时也推进了企业对核心员工的激励和保
留措施的更新与完善。品牌建设的过程是由内而外的，但是品牌标杆却是由
外而内地促进了企业雇佣双方感情关系的加深。

（五）降低企业人力成本开支

建设雇主品牌需要企业投入一定的资源，但是这种投入能够在其他方面
给企业带来成本优势。比如：人才队伍更加稳定，人才的重置成本降低；薪
酬成本的压力减小；招聘成本支出减少，名声在外的雇主品牌可以作为求职
人才选择的尺度，促使其在选择时心理上更加倾向于品牌雇主。

（六）对企业品牌产生重要影响

雇主品牌能够增加企业的无形资产。雇主品牌作为企业品牌的一部分，

很多求职者往往也是雇主产品的消费者，雇主品牌效应在劳动力市场上是宝贵的无形资产。

第二节 人力资源战略与企业战略、企业文化的整合

一、企业战略的含义

企业战略是对企业各种战略的统称，其中既包括竞争战略，也包括研发战略、采购战略、生产与运作战略、营销战略、财务战略、产品质量战略、信息战略等。企业战略是层出不穷的，如信息化就是一个全新的战略。企业战略虽然有多种，但基本属性是相同的，都是对企业的生存和发展的谋略，都是对企业整体性、长期性和基本性问题的计谋。例如：企业竞争战略是对企业竞争的谋略，是对企业竞争整体性、长期性、基本性问题的谋划；企业的研发战略是对企业如何不断推出新产品的整体性、长期性、基本性问题的谋划，以此类推，其他战略都是如此。各种企业战略有同也有异，相同的是基本属性，不同的是谋划问题的层次、角度和内容都有所差异。总之，无论哪个方面的谋划，只要涉及企业整体性、长期性、基本性问题，就属于企业战略的范畴。

二、企业战略的特征

企业战略是设立远景目标的依据，并对实现目标的轨迹进行的总体性、指导性谋划，属宏观管理范畴，具有指导性、全局性、长远性、竞争性、系统性、风险性、竞争与合作性及稳定与动态性八大主要特征。

（一）指导性

企业战略界定了企业的经营方向、远景目标，明确了企业的经营方针和行动指南，并筹划了实现目标的发展轨迹及指导性的措施、对策，在企业经营管理活动中起着导向的作用。

（二）全局性

企业战略立足于未来，通过对国际、国内的政治、经济、文化及行业等经营环境的深入分析，结合自身资源，站在系统管理高度，对企业的远景发展轨迹进行全面的规划。

（三）长远性

首先，企业在兼顾短期利益的同时，企业战略要着眼于长期生存和长远

发展，要确定远景目标，并谋划实现远景目标发展轨迹及宏观管理的措施、对策。其次，围绕远景目标，企业战略必须经历一个持续、长远的奋斗过程，除根据市场变化进行必要的调整外，制定的战略通常不能朝令夕改，须具有长效的稳定性。

（四）竞争性

竞争是市场经济不可回避的现实，也正是因为有了竞争才确立了"战略"在经营管理中的主导地位。面对竞争，企业战略需要进行内外环境分析，明确自身的资源优势，通过设计适体的经营模式，形成特色经营，增强企业的对抗性和战斗力，推动企业长远、健康的发展。

（五）系统性

立足长远发展，企业战略确立了远景目标，并须围绕远景目标设立阶段目标及各阶段目标实现的经营策略，以构成一个环环相扣的战略目标体系。同时，根据组织关系，企业战略须由决策层战略、经营层战略、职能部门战略三个层级构成一体。决策层战略是企业总体的指导性战略，决定企业经营方针、投资规模、经营方向和远景目标等战略要素，是战略的核心；经营层战略是企业独立核算经营单位或相对独立的经营单位，遵照决策层的战略指导思想，通过竞争环境分析，侧重市场与产品，对自身生存和发展轨迹进行的长远谋划；职能部门战略是企业各职能部门，遵照决策层的战略指导思想，结合经营层战略，侧重分工协作，对本部门的长远目标、资源调配等战略支持保障体系进行的总体性谋划，如策划部战略、生产部战略、采购部战略等。

（六）风险性

企业做出任何一项决策都存在风险，战略决策也不例外。市场研究深入，行业发展趋势预测准确，设立的远景目标客观，各战略阶段人、财、物等资源调配得当，战略形态选择科学，制定的战略就能引导企业健康、快速地发展。反之，仅凭个人主观判断市场发展趋势，设立的目标过于理想化，制定的战略就会产生偏差，导致管理误导，将企业引入困境，甚至给企业带来破产的风险。

（七）竞争与合作性

战略的制定和实施，目的就是要获得竞争优势，赢得市场竞争的胜利，确保企业的生存和发展。企业战略就像军事战略，虽然目的都是为了"克敌制胜"，但有些时候，也会因为有某种需要而同竞争对手合作，如同三国里孙刘联合对付曹操一样。

（八）稳定与动态性

企业战略一方面对企业的长期发展做出规划，具有稳定性的特点；同时，应考虑由于无法预计的内外环境的变化，不得不对先前的规划做出必要的调整，以适应变化了的情况。这种调整应当是局部的，具有微调的性质。一般说来，企业战略规划一经制定，应在较长时间内保持稳定，以利于企业各级单位、各部门从长计议，认真贯彻执行。

三、企业文化的含义

企业文化是企业为解决生存和发展问题而形成的，被组织成员认为有效而共享的，并共同遵循的基本信念和认知。企业文化集中体现了一个企业经营管理的核心主张，以及由此产生的组织行为。企业文化或称组织文化，是一个组织由其价值观、信念、仪式、符号、处事方式等组成的其特有的文化形象。

对于企业文化的含义和产生目前众说纷纭，大体有以下几种表述。

1. 企业文化是指一个企业中各个部门，至少是企业高层管理者所共同拥有的那些企业价值观念和经营实践，又指企业中各个职能部门或地处不同地理环境的部门所拥有的某种共同的文化现象。

2. 企业文化有广义和狭义两种理解。从广义上讲，企业文化是社会文化的一个子系统，是一种亚文化。企业文化是指企业在创业和发展过程中形成的共同价值观、企业目标、行为准则、管理制度、外在形式等的总和。从狭义上讲，企业文化体现为"人本治理理论"的最高层次，特指企业组织在长期的经营活动中形成的、并为企业全体成员自觉遵守和奉行的企业经营宗旨、价值观念和道德规范的总和。

3. 企业文化是社会文化体系中一个有机的组成部分，它是民族文化和现代意识在企业内部的综合反映和表现，是民族文化和现代意识影响下形成的具有企业特点和群体意识及这种意识产生的行为规范。

4. 企业文化是在现代化大生产与市场经济发展基础上逐步产生的一种以现代科学管理为基础的新型管理理论和管理思想，也是企业全体员工在创业和发展过程中培育形成并共同遵守的最高目标、价值标准、基本信念和行为规范的总和。

5. 企业文化是在一定的社会历史条件下，在企业生产经营和管理活动中所创造的具有该企业特色的精神财富和物质形态。它包括文化观念、价值观念、企业精神、道德规范、行为准则、历史传统、企业制度、文化环境、企业产品等。其中，价值观是企业文化的核心。通常我们采用该种定义。

四、企业文化的意义

（一）企业文化能激发员工的使命感

不管是什么企业都有它的责任和使命，企业使命感是全体员工工作的目标和方向，是企业不断发展或前进的动力之源。

（二）企业文化能凝聚员工的归属感

企业文化的作用就是通过企业价值观的提炼和传播，让一群来自不同地方的人共同追求同一个梦想。

（三）企业文化能加强员工的责任感

企业要通过大量的资料和文件，宣传员工责任感的重要性，管理人员要给全体员工灌输责任意识、危机意识和团队意识，要让大家清楚地认识到企业是全体员工共同的企业。

（四）企业文化能赋予员工荣誉感

每个人都要在自己的工作岗位、工作领域，多做贡献、多出成绩、追求荣誉。

（五）企业文化能实现员工的成就感

一个企业的繁荣发展，关系到每一个公司员工的生存，企业发展了，员工就会引以为豪，更积极努力地进取，荣耀越高，成就感就越大、越明显。

五、企业文化的特征

（一）独特性

企业文化具有鲜明的个性和特色，具有相对独立性，每个企业都有其独特的文化积淀，这是由企业的生产经营管理特色、企业传统、企业目标、企业员工素质及内外环境所决定的。

（二）继承性

企业是在一定的时空条件下产生、生存和发展的，企业文化是历史的产物。企业文化的继承性体现在三个方面：一是继承优秀的民族文化精华；二是继承企业的文化传统；三是继承外来的企业文化实践和研究成果。

（三）相融性

企业文化的相融性体现在它与企业环境的协调和适应性方面。企业文化反映了时代精神，它必然要与企业的经济环境、政治环境、文化环境及社区环境相融合。

（四）人本性

企业文化是一种"以人为本"的文化，最本质的内容就是强调人的理想、道德、价值观、行为规范在企业管理中的核心作用，强调在企业管理中要理解人、尊重人、关心人。企业应注重人的全面发展，用愿景鼓舞人、用精神凝聚人、用机制激励人、用环境培育人。

（五）整体性

企业文化是一个有机的整体，人的发展和企业的发展密不可分，引导企业职工把个人奋斗目标融于企业整体目标之中，是追求企业的整体优势和整体意志的体现。

（六）创新性

创新既是时代的呼唤，又是企业文化自身的内在要求。优秀的企业文化往往在继承中创新，随着企业环境和国内外市场的变化而改革、发展，引导大家追求卓越、追求成效、追求创新。

六、企业文化的分类

学习型组织的塑造是企业文化建设的宗旨和追求的目标，是构成企业文化建设的重要内容。企业文化建设的内容主要包括物质层、行为层、制度层和精神层四个层次的文化。

（一）物质层文化

物质文化是产品和各种物质设施等构成的器物文化，是一种以物质形态加以表现的表层文化。

企业生产的产品和提供的服务是企业生产经营的成果，是物质文化的首要内容；企业的生产环境、企业容貌、企业建筑、企业广告、产品包装与设计等也构成企业物质文化的重要内容。

（二）行为层文化

企业行为包括企业与企业之间、企业与顾客之间、企业与政府之间、企业与社会之间的行为。行为层文化是指员工在生产经营及学习娱乐活动中产生的活动文化；指企业经营、教育宣传、人际关系活动、文娱体育活动中产生的文化现象。企业行为层文化包括企业行为的规范、企业人际关系规范和服务行为规范。

1. 企业行为的规范

企业行为的规范是指围绕企业自身目标、企业的社会责任、保护消费者的利益等方面所形成的基本行为规范。企业行为的规范从人员结构上划分为企业家的行为、企业模范人物行为和员工行为等。

2. 企业人际关系规范

企业人际关系分为对内关系与对外关系两部分。对内关系，指企业内各部门之间、各部门内部人与人之间的关系；对外关系，主要指企业经营面对不同的社会阶层、市场环境、国家机关、文化传播机构、主管部门、消费者、经销者、股东、金融机构、同行竞争者等方面所形成的关系。

3. 服务行为规范

服务行为规范是指企业在为顾客提供服务过程中形成的行为规范，是企业服务工作质量的重要保证。

（三）制度层文化

制度层文化主要包括企业领导体制、企业组织机构和企业管理制度三个方面。企业制度文化是企业为实现自身目标对员工行为给予一定限制的文化，它具有共性，强有力地对企业每位员工进行行为规范。企业制度文化的内容是企业工艺操作流程、厂纪厂规、经济责任制、考核奖惩等。

（1）企业领导体制是企业领导方式、领导结构、领导制度的总称。

（2）企业组织结构是企业为有效实现企业目标而筹划建立的企业内部各组成部分及其关系。企业组织结构的选择与企业文化的导向相匹配。

（3）管理制度是企业为求得最大利益，在生产管理实践活动中制定的各种带有强制性的义务，并能保障一定权利的各项规定或条例，包括企业的人事制度、生产管理制度、民主管理制度等一切规章制度。企业的制度文化是行为文化得以贯彻的保证。

（四）精神层文化

核心层精神文化是指企业生产经营过程中，受一定的社会文化背景、意识形态影响而长期形成的一种精神成果和文化观念，包括企业精神、企业经营哲学、企业道德、企业价值观念、企业风貌等内容，是企业意识形态的总和。

七、人力资源管理与企业战略的关系

（一）人力资源管理与企业战略相辅相成

人力资源管理与企业战略是相辅相成的关系，这体现在以下三个方面。

第一，企业战略的制定以人力资源管理为着眼点。企业制定目标战略之前，会不可避免地对企业现有人力资源的情况进行评估，了解企业的人员配置情况，再根据评估结果及外部劳动力市场情况，对企业未来的人力资源需求状况做出较为准确的预测。同时，企业还应该根据内部人力资源的实际情况制订与之相适应的员工激励计划，以有效发挥员工才能，做到实际与战略相符。

第二，人力资源管理是企业战略实施的有效途径。人力资源管理战略是企业战略的一个重要组成部分，对企业整体战略的实施起着重要作用，企业战略的每一步实施都需要员工的执行和参与，因此人力资源管理要紧跟企业发展战略，为企业经营发展提供有力支撑。管理层要善于细化企业战略并结合人力资源管理，制定出详细的人力资源管理方案，企业再按照方案组织实施人力资源管理。

第三，人力资源规划的制定以企业战略为基础和依据，企业战略的实现以人力资源规划为前提。企业之所以对人力资源需求进行预测，主要就是为了使企业能够获得实现其战略目标所需的各类人才。因此，企业应该以企业战略为基础来制定和调整人员规划。

（二）企业战略与人力资源管理需求的关系

首先，不管是企业战略的制定还是实施，都需要员工参与其中。企业战略是企业对未来的发展规划，员工与企业的发展密切相关，做好人力资源管理对企业战略实施起着重要作用。在制定企业战略时，经营者必须考虑由何种类型的人才来实现组织目标及实现组织目标所需的人数是否足够等问题。其次，制定和实施企业战略要以对人力资源需求的预测为前提。在一个时期的某个领域内，对一类人员的需求是企业预测人力资源需求需要首先考虑的问题，因此企业战略对人力资源需求具有很大的影响，而人力资源需求预测能够为企业战略的实现提供有力保证。

八、企业人力资源与企业战略匹配的重要性分析

（一）有利于实现企业可持续发展

企业想要实现可持续发展，需要以企业战略为导向，指引企业未来发展，

其中人力资源是确保企业战略得以实现的基础。企业人力资源是企业内难以协调的核心资源，渗透于企业各个生产经营环节，直接影响企业的正常经营管理。

（二）有利于实现企业市场竞争优势

企业人力资源与企业战略匹配契合可以在战略规划目标一致的情况下，确保在企业各发展阶段下二者的一致性和适应性。企业以企业战略为发展目标，通过人力资源管理工作可以调动员工工作积极性，增强员工企业责任感，充分发挥企业人力资源管理职能，最终在人力资源优势支撑下实现企业战略，获得市场竞争优势。

（三）有利于企业绩效的不断提高

企业文化与企业战略人力资源的管理工作存在着密切的内在联系，这种联系是无法分离开来的。一方面，企业文化为企业战略人力资源的管理提供了核心的价值观，它规定了企业文化的发展基调；另一方面，企业发展的各项战略、人力资源相关的管理实践活动，处处都体现着企业的发展文化。企业战略人力资源的管理是在企业文化的基础上制定最终管理目标。它是以企业的发展战略为管理导向，以企业文化内容为纽带的。同时，企业文化可以通过协调人力资源管理中职能活动的各项动态，来提升企业的市场竞争优势，促进企业绩效的不断提高。

九、人力资源管理与企业战略的整合

（一）人力资源管理者的能力提升

人力资源的管理者是一个企业的战略决策的制定者及推行者，如果想要胜任这个重要角色就要努力提升自己的能力。笔者认为，一个合格的人力资源管理者应具备的能力：第一是要有战略性行为。人力资源的管理者应该主动研究和制订企业的战略计划，并且协助好各个部门的工作，为这个部门设定出切合实际的经营目标并为了实现这一目标而提供相关服务。第二是要有应变能力。现在的市场环境千变万化，企业之间的竞争更是非常激烈，为了应对这些复杂的市场情况，人力资源管理者必须具有非常强的应变能力，当出现新情况、新变化的时候能够及时分析和把握形势，并且迅速做出反应。第三是要具有团队建设能力。团队是一个企业的核心，一个好的团队能够给企业带来新的理念，推动新技术在企业发展上的广泛应用，帮助企业生产出新的产品，因此人力资源的管理者必须具备非常好的团队建设能力，促进员工的高层次合作。第四是具有国际化能力。现在全球经济是一体化的，任何一个企业都不可能离开全球经济而独立存活，因此现在的企业就是一个国际化的组织，人力资源的管理者在这种经济全球化的情形下，必然就面临着很多跨国界的国际事务，因此人力资源的管理者必须要有国际化的眼光和思路，并且能够适应经济全球化的大环境，正确配置人力资源，以应对国际化的复杂环境。

（二）人力资源战略与企业战略的配合

企业战略具体可以分为三个层次，包括公司战略、业务战略及职能战略。其中，公司战略是一个企业最高层次、最重要的战略，公司战略就是首先根据企业制定的总体目标并且根据企业的优势来选择适合企业的经营领域，合理分配公司经营所必需的资源；业务战略或竞争战略就是由公司基层的各个业务单位的管理者根据自身的业务情况，将公司战略包括的企业目标、发展方向和措施具体化，最终形成一套能够适合自身业务发展的、具体的、具有可操作性的经营战略；职能战略则确定该业务分支下，各职能部门如营销、财务、研发、生产、人力资源等为实现其竞争目标而采取的基本行动进程。人力资源战略是最重要的职能战略，但是如果人力资源战略的建立和公司战略及业务层战略不能够很好的匹配，人力资源战略将发挥不出其重要的战略作用，因此企业必须要在与企业公司层战略及业务层战略相一致的基础上建立人力资源战略，才能发挥其战略作用。

（三）实施战略人力资源管理

企业战略最不可或缺的一部分是战略人力资源管理，它具体是指一个企业为了能够达到预期目标，对人力资源各种部署和活动进行计划的模式，包括了企业通过人力资源达到企业预期目标的各个方面。战略人力资源管理的目的是确保企业能够获得技能良好、素质比较高的员工，进而保证一个企业能够在激烈的市场竞争中获胜，最终形成企业的战略能力。

在战略人力资源管理的研究中，涉及两个核心概念分别是战略配合及灵活性。在发达国家，研究战略人力资源管理的学者都非常重视垂直层次和水平层次两种形式的配合。其中，垂直层次的配合具体是指人力资源管理实践与企业战略管理过程的配合，水平层次的配合具体是指各种人力资源管理活动之间的配合。灵活性是企业应对现在社会中各个变化的竞争环境的能力。战略人力资源管理的主要任务就是在一个变化的、无法预测的环境中促进企业的战略配合的能力。一个企业在变化莫测的市场环境中，如果想要竞争成功、占据市场，就必须要正确预测市场的走势及顾客的需求，然后针对顾客需求及市场走势的变化做快速反应。在这种竞争态势下，企业必须实施战略人力资源管理，增强企业人力资源竞争力，进而提高企业战略与环境的配合能力，培育和发展企业的核心能力。

十、企业人力资源管理与企业文化的整合

（一）企业人才招聘管理

企业人才招聘是企业获得人才、合理配置人力资源的重要过程，也是人力资源管理的基础部分。企业人力资源的战略招聘是企业人力资源管理体系的一项重要组成部分，它以企业文化为指导思想，并结合企业内外部的发展环境与企业的发展战略，将企业的人才招聘与企业人力资源的其他管理活动进行有机的协调。要想充分地发挥战略招聘的协调效应，加强对招聘人员专业知识技能的关注，就需要考察该人员的个人价值观是否与企业文化所构成的价值观相符，是否符合企业战略发展的文化要求。只有通过这一对比选用的人才才能够持久地提升企业的竞争优势，有效地提高企业的整体绩效。

（二）员工职位管理

一般来说，企业员工工作的动机、个人的价值观都具有一定的稳定性，企业很难通过短期的培训对其进行彻底的改变，但是企业的发展需要员工的工作动机与价值观的推动，这是企业发展重要的战略性资源。企业在以往的人才招聘中，往往只看重招聘对象的专业知识、技能等外部素养，对于招聘对象的价值观却没有较深的挖掘，使得对许多员工的职位安排不符合员工自身价值观的特性。基于企业文化的员工战略职位管理，是通过企业文化进行人员的招聘的。它加大了招聘对象与企业员工价值观、工作动机、态度等方面的关注度。这种做法不但使得招聘的人才能够符合企业发展的需要，还能够针对每个员工的特点进行恰当的职位安排管理，从而培养出一批符合企业发展战略需要的高素质的企业员工，提升企业人力资源的竞争优势。

（三）企业文化培训

企业内部对员工的培训，其根本目的在于提高企业员工整体的知识水平与专业能力，提升其工作实践技能，培养员工间的合作精神。与传统的企业培训相比，基于企业文化的战略培训是以当前企业发展的战略目标为出发点的，通过不断完善整个培训计划，使得每一个培训都能成为员工在战略层面共享和交流知识的平台。与此同时，企业的管理者也需要明确员工个人的价值观、工作行为与态度才是企业获取和保持竞争优势的根本。根据"二八原理"，培训资源应更多倾向于少数人。所以，企业开展战略培训不能只是单纯

地以提高员工的知识水平与专业技能为目标，还需要改进企业员工的价值观念与行为模式，使其能够与企业文化要求相符。

（四）战略薪酬管理

所谓战略薪酬，主要是将企业发展的战略体系同企业的薪酬管理体系进行有机结合，并通过一系列的管理手段，将企业员工工作行为的目标与企业的发展目标进行有效的契合，在实现企业员工目标的同时提升企业的经营绩效，进而促使企业员工的价值观逐步与企业价值观相吻合。在这一战略中，企业文化对战略薪酬的管理具有重要的影响，根据不同的企业文化可制定不同的薪酬管理分配制度。企业薪酬管理制度的制定不仅要关注员工的技能与知识水平，还需要对员工的价值观进行深入考察，从而使员工在实现自身目标的同时，最大限度地推动企业绩效的提高。

第三节 人力资源战略与企业竞争优势

一、企业竞争优势的内涵

美国著名的战略学家波特（Porter）认为："竞争优势归根到底取决于企业所能为顾客创造的价值。企业竞争战略旨在根据行业竞争的决定因素建立一种获利性和持久性的地位。"它是企业在市场竞争中提高经营绩效的核心，一个企业能否创造并保持竞争优势，对于维持该企业的生存和发展至关重要。

在当今的知识经济时代，竞争日益激烈，为了在这竞争激烈的时代得以生存和发展，企业必须获得比竞争者更大的优势。企业可以通过提升以下四大竞争力来赢取长久的竞争优势。

（一）成本竞争力

提供成本低的产品或是服务，能够吸引大量的顾客。这是企业取胜的途径之一。原材料、设备、制造和营销等都涉及成本的管理，企业可以通过管理和削减成本来提供低价产品，达到科学使用资源的目的。比如，提升人力资源管理部门的投入—产出效率等。成本竞争力是企业竞争的根本，只有提高成本竞争力，企业才有了竞争基础，才能获得持续发展。

（二）文化竞争力

企业文化竞争力是指对企业文化诸因素，包括企业环境、价值观、企业核心理念等进行整合和优化，从而形成独具的、支持企业持续竞争优势的能力，它直接起着协调企业组织的运行的作用。

（三）品牌竞争力

品牌竞争力是指企业的品牌拥有区别于其他竞争对手或在行业内能够独树一帜、引领企业发展的独特能力。这种能力能够在市场竞争中显示品牌内在的品质、技术性能和完善服务。它是企业独具的能力，具有难以模仿性，使得企业具有能够持续盈利和获取超额利润的品牌溢价的能力。它是企业核心竞争力的外在表现，可以统领企业其他所有竞争力，是处于核心地位的能力。

（四）创新竞争力

创新涉及组织创新、技术创新、产品（服务）创新、管理创新、战略创新等方面。纵观当代企业，唯有不断创新，才能在竞争中处于主动地位，并立于不败之地，许多企业之所以失败，就是因为他们未能真正做到这一点。此外，在一个行业中，创新决定了一个企业是引领者还是模仿跟随者。创新是"带有氧气的新鲜血液"，是企业的"生命"。因此，提升企业的创新竞争力是竞争优势的重要来源。

二、人力资源战略管理与企业竞争优势的研究背景

（一）知识经济崛起的需要

随着信息技术的发展，世界经济已经发生了根本性的改变，以知识创新为推力的经济体制迅速发展，知识因素成为企业战略发展的决定性因素，知识经济强调人力资源的开发，特别注重人力资源的创造能力，从某种意义上讲，人力资源成为企业参与市场竞争的核心因素。因此，企业之间的竞争由过去的侧重机械设备的竞争转化为争夺人力资源的竞争。另外，知识经济的发展不仅改变着社会经济的结构、生产方式，而且还会影响人们的思维、习性及观念等。在知识经济时代背景下，人们对于企业目标的追求更加以实现自我价值为主，因此在知识经济时代发展的过程中，研究人力资源战略管理与企业竞争优势是知识经济发展的内在要求。

（二）企业竞争加剧的要求

进入知识经济体系下，世界经济全球化的进程不断加快，促使企业之间的生产要素实现了自由流动与合理配置。经济全球化的发展在给企业带来巨大利益的同时也会加剧企业之间的竞争。这种竞争不仅来自本土行业之间的竞争，还要面临世界先进企业的竞争。因此，在面对各种竞争压力的情况下，

企业需要不断降低生产成本，提高产品质量，加快企业生产创新，搞好各种售后服务，等等，以此提升企业的市场竞争力。而企业实现上述客观要求的前提就是必须要建立系统的人力资源管理战略制度，使人力资源战略管理成为当前及未来企业总体战略目标实现的基础。

（三）我国人力资源管理现状的迫切性

虽然我国企业人力资源战略管理制度在不断地优化，但是目前企业人力资源管理所存在的缺陷仍然影响企业的战略发展，具体表现在以下几个方面。

一是企业人力资源管理的意识不明确。知识经济环境下的企业人力资源管理意识要求树立"以人为本"的思想，但是目前企业所制定的人力资源管理制度仍然是以"管"为主，而不是以"开发"为主，严重影响了员工的工作积极性。

二是企业人力的资本存量与利用效率比较低。目前，我国企业存在严重的人力资源配置不合理的现象，而且企业存在人力资源战略储备不足的问题，很多企业存在职位空缺的现象。

三是我国企业人力资源管理工作仅仅局限在行政事务性的工作上，而没有将企业的战略决策应用到企业的人力资源战略管理中。

三、人力资源战略管理与企业竞争优势的关系分析

（一）人力资源是企业获得竞争优势的重要源泉

竞争优势是企业优先于其他企业的先决因素，企业竞争优势的存在是企业领先于其他企业的核心，也是提高企业经营绩效的关键因素。美国战略学家波特提出："竞争优势归根到底取决于企业所能为客户创造的价值。"根据该理论，我们清楚地获悉企业人力资源是企业获得竞争优势的重要战略之一。首先，在市场竞争过程中，企业的成本战略和独特的战略能够提升企业的竞争优势，但是其建立在企业高素质的人力资源的基础上，因此人力资源战略是企业获得竞争优势的基础；其次，企业为提升自身的竞争优势而采取的一系列措施，如降低企业产品成本、提高产品质量等，虽然效果是比较理想的，但是所带来的价值却是有限的，如果企业将着眼点放在人力资源战略管理上，通过完善的人力资源战略管理体系，激发企业员工的积极性，就可以提升企业的创新能力、核心能力。人力资源战略管理对提高企业竞争优势的作用主要体现在以下几个方面。

一是能够帮助企业聘请到符合企业战略发展需要的人才。企业竞争优

势的提升需要企业拥有较高素质能力的人才，通过企业人力资源招聘可以根据企业战略发展的需要选择自己需要的人才，进而保证人才的质量。

二是通过人力资源管理可以对现有的职工进行在岗培训，以此提高他们的劳动技能，缩小员工自身技能与工作岗位的差距。另外，通过人力资源培训还可以将员工的工作丰富化，满足员工自我价值提升的需要。

三是薪酬管理能够帮助企业制定完善的薪酬体系以吸引外部优秀的人才。比如，企业通过提高薪酬标准，建立完善的绩效考核体系，向市场招聘人才，基于物质引导理论，高素质的人才会被企业的高薪所吸引，进而投入企业的创新发展中。

（二）具有价值性、稀缺性及难以模仿的人力资源战略能够增强企业竞争优势

人力资源虽然是企业竞争优势的源泉，但是并不是所有的人力资源因素都能够促进企业的竞争优势，而是具备价值性、稀缺性及难以模仿的人力资源特性才能发挥促进企业竞争优势的作用。一是人力资源的价值性。人力资源作为企业核心资源，必须要具有价值性，也就是能够为企业创造出超过自身消费的剩余价值。比如，企业通过采取系列的措施能够促进企业的发展的人力资源战略就具有价值性。二是稀缺性。稀缺性就是资源的相对有限性。人力资源稀缺性主要是人力资源的显性稀缺，如某些人才数量的不足；另一种是人力资源的隐性稀缺，主要是由于人力资源的分布不均，导致人力资源开发的后劲不足而造成的人力资源稀缺。三是人力资源的难以模仿性。价值性与稀缺性虽然能够为企业带来竞争优势，但是这种竞争优势具有短期性，经过一段时间的发展之后，就会被别的企业所模仿，而难以模仿性则是企业独立于其他企业参与市场竞争的核心因素，也是企业获得持续的市场"领头"作用的关键。人力资源难以模仿性主要是根源于企业的历史文化、社会环境等影响因素。比如，我国著名企业——海尔公司就是依靠自身独特的文化氛围和管理体系而在市场中获得了有利的地位。

四、营造企业竞争优势的人力资源战略管理措施

基于企业人力资源战略管理与企业竞争优势之间的促进关系，企业必须要制定一种基于企业竞争优势的人力资源战略管理系统，发挥人力资源的优势，实现企业的可持续健康发展。

（一）树立"以人为本"的管理理念，营造良好的人力资源管理氛围

在知识经济环境中，人力资源是企业发展的决定性因素，因此如何发挥

人力资源的主观能动性是企业人力资源战略管理的重点，也是实现人力资源价值的根本所在。基于当前企业人力资源管理过程中所存在的人力资源效能发挥不出来的问题，企业要树立"以人为本"的管理思想，营造良好的重视企业人力资源管理的氛围。

一是企业的管理者要树立"以人为本"的管理理念。企业管理者的思想观念对企业的发展战略具有重要的决策影响力，如果企业管理者没有现代人力资源观，那么企业管理者就不能正确认识到企业人力资源的重要性，同样企业的各项管理制度的制定也不能有效地保证企业人力资源战略管理制度的实施，员工的个人自我价值也就不能实现，企业的积极性就会被约束。因此，企业的管理者一定要树立"以人为本"的管理理念，将激发员工的工作积极性、创新性作为人力资源战略管理的重点，以有效的制度保障实现企业员工主观意识的能动性。

二是企业要营造良好的尊重人力资源战略管理的氛围。企业要强化企业内部人力资源管理的氛围，在企业内部尊重人才、重视人才，为人才自我创新能力的发展营造良好的氛围。

三是企业要重视企业文化建设，营造重视人力资源的企业文化。企业文化是企业的灵魂，因此企业要营造良好的企业文化，以良好的企业文化感染与促使企业人力资源氛围的形成。

四是企业要积极领悟与响应国家的政策环境。企业要根据国家制定的人才战略目标合理引进优秀的人才。比如，企业可以根据当前高校毕业生就业难的问题，在不影响企业战略发展的基础上，尽可能招聘更多的优秀应届大学生，这样一方面可以缓解当前大学生就业难的问题，另一方面可以为企业储备更多的优秀人才，以满足企业提高科技创新能力对人才的需求。

（二）加强企业差异化战略下的人力资源管理

差异化战略就是将企业的产品和服务与其他企业的产品区分开来，是企业产品在全行业中的独立特性。差异化战略是人力资源战略与企业竞争优势相融合的重要手段。因此，企业必须要将差异化战略引入企业战略的全过程，企业人力资源战略管理技术一定要根据企业差异化战略的实施而制定，只有这样才能保证企业人力资源战略的优势，使企业人力资源战略管理具有价值性、稀缺性及难以模仿性。企业差异化的人力资源战略制定应该包括以下三个方面。

一是关键性。企业在制定人力资源战略时一定要预先设计人力资源总体战略目标，然后再具体地分析企业人力资源的实施关键。二是竞争性。企业人力资源战略管理的制定一定要保证其具有竞争优势，主要是应用人力资源战略管理增强企业的竞争优势。因此，企业在培养人力资源时，一定要侧重人力资源管理与企业文化的融合，以此实现人力资源真正为企业发展所服务，发挥企业人力资源战略管理的优势。三是企业差异化的战略一定要实现员工的参与。企业要鼓励员工参与到企业战略管理中，调动员工的工作积极性。另外，企业人力资源管理者也要拓展思维，保证人力资源管理具有前瞻性和规划性。

（三）培育人力资源竞争特性，获取企业持久竞争优势

实现人力资源管理战略与企业竞争优势的关键就是要保证人力资源发挥出特性，因此企业应该重点做好以下两个方面。

首先，重视开发人力资源的企业特殊技能。企业特殊技能是指员工拥有对企业岗位使用的技能。一般来说，技能为每个企业提供了相同的价值，但是这些价值却不能体现出企业竞争优势，因此企业要想获得持续的发展就必须要保证自身具有特殊的技能。特殊技能是在保证员工具有一般技能的基础上，根据市场竞争发展趋势，所拥有的其他企业员工所没有的技能。企业特殊技能既能为企业提供价值又不容易被竞争对手模仿，而且也不容易被掌握这类技能的员工转化为市场行为。其次，实施有效的人力资源系统化管理。企业要将选择、评估、奖励及发展有机结合起来，实现企业人力资源管理系统的科学化。比如，企业在招聘新的员工时，可以为员工提供一些安全保障，对优秀的人才在物质上给予保障，在精神上给予激励，同时还要结合个体的需求制定相应的奖励措施。

（四）做好人力资源管理基础工作，变人力资源为人力资本

将人力资源转变为人力资本的关键是通过人力资源开发与管理提高劳动生产率，人的劳动生产率从人力资源开发与管理的角度来看主要取决于以下几个方面。

一是优化资源配置。人力资源的投入过多、过少都不利于企业资源的优化配置，因此企业人力资源开发与管理的第一项任务就是要重视人力资源规划的制订。根据市场需求、企业战略及生产率状况分析现有人力的余缺。余则分流，缺则补充，确保企业在恰当的时间、恰当的地方招聘到合适的员工。二是人力资本投资。通过教育培训提高企业员工的素质是提高劳动生产率的主要途径，企业应该按照市场经济产权明晰的要求逐步建立社会主义劳动产权制度以维护广大企业员工的合法权益。其中，按照员工对其素质提高的投资量获得资本收益应予以体现，以强化提高劳动技能的激励机制，从根本上调动企业员工提高自身素质的积极性，从而提高其整体素质。三是人员激励。基于企业经济模式的转变，企业的人员激励方式也要创新，除了提供常规的

激励措施，企业可以尝试通过知识资本化的方式，将那些管理和科学研究中有贡献、有创新、能为企业增加效益的人员，用科学的方法把他们的知识转化为资本，鼓励他们对企业参股、入股，从而使他们的发展与企业的发展紧密联系起来，激励他们更好地工作。

第四节 人力资源战略的制定

一、人力资源战略制定原则

人力资源战略在企业发展过程中起着举足轻重的作用，在制定人力资源战略时，要遵循以下几个原则。

（一）整体性原则

人力资源战略和人力资源管理的各模块是不可分割的整体，制定人力资源战略时，应该把招聘与配置、员工开发、绩效管理、薪酬福利、员工关系管理和员工"退出"等环节作为一个系统的整体来研究和细化，使各模块在战略的整合下共同发挥作用。人力资源战略引领一个企业从人力资源的角度进行战略管理，以实现企业的发展目标，同时提供通过人力资源管理获得和保持竞争优势的发展思路。

（二）一致性原则

人力资源战略必须与企业战略具有一致性，这种一致性是通过建立企业与员工的双向促进机制来实现的。人力资源战略应该促使企业发展与员工发展相统一，使二者共同成长，企业战略是制定人力资源战略的前提和基础，人力资源战略应该服从和服务于企业战略，支持企业战略目标的实现。

（三）长期性原则

人力资源战略关注的重点是企业人力资源的长期发展，是对企业经营战略的长期影响，而不是短期的眼前所面临的问题，因此企业人力资源战略通常以5年或5年以上为宜。企业人力资源战略只有规定了未来一段时期内企业人力资源管理的发展方向、目标和实现途径与对策以后，才能对企业人力资源的总体发展起到指导作用，并发挥对企业人力资源发展活动的促进和约束作用。

（四）适应性原则

人力资源战略必然要受到企业外界环境和内部条件的影响和约束。因此，人力资源战略必须因地制宜，既能够适应外部环境的变化，又能满足企业内部的各项约束条件。此外，人力资源战略要符合企业内外各方面的利益，才能得到员工的认同。

（五）可行性原则

可行性是指企业一旦选择了某个发展战略，就必须考虑企业能否成功地实施该战略，企业是否具有足够的财力、物力等资源支持该发展战略的实施。如果在可行性上存在疑问，就需要扩大企业人力资源战略的研究范围，考虑采用何种方式来获取战略实施所需要的资源，或考虑选择其他的发展战略。在许多情况下，如果企业在开始实施发展战略时并不知道应该采取哪些行动，这就说明企业所选择的战略可能是行不通的。

（六）动态性原则

人力资源战略管理是一个与企业战略动态匹配的过程。在现实的管理过程中，企业战略是动态发展的，它会随着企业内外环境的变化、企业目标的改变而不断发生变化。企业战略对人力资源管理中的人员招聘、绩效考核、薪酬管理等方面有着重要的作用。因此，人力资源战略应与企业的发展战略相配合，针对不同的企业战略，采取不同的人力资源战略。

二、人力资源战略决策

（一）人力资源战略决策的含义

人力资源战略决策是关系企业人力资源发展全局的决策，是指为了长期的发展，制定出发展目标实施方针及为实现发展目标而采取的重大措施，如企业人力资源结构决策、薪酬决策、员工职业发展决策等。这类决策与人力资源管理大局关系密切，受外部环境变化影响很大。企业外部环境包括企业无法控制的各种外部因素，如社会政治、经济形势，本行业的科技发展水平及基本趋势，竞争对手的情况，等等。人力资源战略决策具有全局性和长远性的特点。全局性指这种决策一经确定，其指导作用和影响面是整个人力资源管理活动；长远性指在时间上这一决策往往与企业中长期战略目标相对应，一旦实施，在一个较长时间内将成为人力资源管理活动的一个指导思想。

（二）人力资源战略决策的特征与依据

1. 人力资源战略决策的特征

人力资源战略决策具有以下几个方面的特征。

第一，决策要求有明确而具体的决策目标。决策就是选择方案，如果决策的目标是模糊的，甚至是模棱两可的，那就无法以目标为标准评价方案，更无从选择方案了。

第二，决策要求以了解和掌握信息为基础。一个合理的决策是以充分了解和掌握各种信息为前提的，即通过对组织外部环境和组织内部条件的调查分析，根据实际需要选择切实可行的方案。

第三，决策要求有两个以上的备选方案，以便比较选择。就是说，必须要有可供选择的方案，否则决策可能就是错误的。人们总结出这样两条规则：一条规则是，在没有不同意见前，不要做出决策；另一条规则是，如果看来只有一种行事方法，那么这种方法可能就是错误的。

第四，决策要求对控制的方案进行综合分析和评估，每个实现目标的可行方案，都会对目标的实现发挥某种积极作用，也会产生消极作用。决策者必须对每个可行方案进行综合的分析和评价，即进行可行性研究。可行性研究是决策的重要环节。决策方案不但必须在技术上可行，而且应当考虑社会、政治、道德等各方面的因素，还要使决策结果的副作用（如环境污染）缩小到可以允许的范围内。通过可行性分析，确定出每个方案的经济效果和所能带来的潜在问题，以便比较各可行方案的优劣。

第五，决策追求的是最可能的优化效应。人们做任何事情，都不可能做到完美无缺。对于决策者来说，同样不能以最理想的方案作为目标，而只能以足够好的、达到组织目标的方案作为准则，即在若干备选方案中选择一个合理的方案。合理方案只能在决策时能够提出来的若干可行方案中进行比较和优选。

2. 人力资源战略决策的依据

人力资源战略决策的主要依据包括以下三个方面。

第一，组织的战略目标。组织的战略目标是人力资源战略决策的主要依据之一。人力资源战略决策要以组织的战略目标为前提，脱离了组织的战略目标，人力资源战略决策就失去了意义。

第二，企业的经营环境。正确做出人力资源战略决策，必须对企业所面临的外部经营环境进行全面系统的分析。在掌握外部环境对企业影响的前提下做出的人力资源战略决策，才有可能是正确的决策，才能对人力资源管理活动起指导作用。

第三，企业的内部条件。企业的内部条件是指企业的人、财、物、产、供、销等具体情况。人力资源战略决策必须满足企业内部的实际状况，这样才能更大限度地为企业经营服务，实现企业的经营战略。

三、人力资源战略制定程序

（一）人力资源战略环境分析

人力资源战略环境分析包括外部环境分析和内部环境分析。

外部环境分析主要包括：组织所处地域的经济形势及发展趋势；组织所处行业的演变、生命周期、现状及发展趋势；组织在行业所处的地位、所占的市场份额；竞争对手的现状及增长趋势，竞争对手的人力资源状况，竞争对手的人力资源政策；预计可能出现的新竞争对手；组织外部的劳动力市场状况，政府的人力资源政策、法规对组织人力资源战略的影响；等等。外部环境的分析通常采取 PEST 分析法进行分析。

内部环境分析主要包括：企业内部的资源，企业所处的生命周期、发展阶段，企业总体发展战略，企业的组织文化，以及企业员工的现状和他们对企业的期望。

（二）人力资源战略的制定与选择

人力资源战略的制定采取 SWOT 分析法，在用 PEST 分析法对企业外部人力资源环境进行分析时，应考虑环境中存在哪些机会可以被人力资源管理的各个环节（招聘管理、薪酬管理、劳动关系管理）利用；环境中存在哪些威胁应该予以避免；在对企业内部人力资源管理能力和资源现状进行分析时，应考虑公司目前的人力资源管理有哪些优势？哪些劣势？

通过对环境中的机会与威胁的分析和企业内部优势与劣势的分析，通过 SWOT 矩阵，把企业面临的外部环境机会和威胁与企业内部的优势和劣势相匹配，得到四类可能的战略选择。结合人力资源管理中人才的"选、用、育、留"来选择人力资源战略。

SO 战略：利用企业内部优势，抓住外部环境中的有利机会，"利用战略"；

WO 战略：利用外部环境机会，弥补和改善企业内部的劣势，"改进战略"；

ST 战略：利用企业内部优势，躲避外部环境中可能的威胁，"监视战略"；

WT 战略：主要是使劣势最小化以躲避外部环境中的威胁，"消除战略"。

各种人力资源战略与人力资源管理活动的整合，根据环境分析所确定的人力资源战略、所确定的人力资源管理活动（人才获取、培训开发、考核评价、薪酬激励）策略，将人力资源战略变成可执行的人力资源策略，指导人力资源活动的开展。

（三）人力资源战略的实施

人力资源战略的实施是将战略变成可执行的行动方案的转变过程，在转化过程中要设定具体的战略目标、战略实施计划、实施保障计划及资源的合理平衡、人力资源规划等，使人力资源战略可操作化，把战略变成具体的人力资源管理业务活动。同时，要使战略制度化，以此保证战略的实施，使战略切实落到实处。

战略的实施是人力资源开发与管理的一项重要工作，必须要有保证措施，根据战略实施计划，对照战略目标，组织资源，按计划实施；同时，在实施中必须协调好组织与个人间的利益关系，要充分利用组织内部资源与技术资源，推进战略的顺利实施。

（四）人力资源战略的评估

人力资源战略评估是在战略实施过程中寻找战略与现实的差异，发现战略的不足之处，及时调整战略，使之更符合组织战略与实际的过程。战略的评估，也是对人力资源战略的经济效益进行评估的过程。人力资源战略经济效益评估主要是进行投入与产出（或节约的成本）比的分析。评估一个人力资源战略需要从两个方面着手：①评价人力资源政策与企业战略和目标的协调一致性；②判断这些一致性的政策最终对企业的贡献程度。在此主要讨论有关一致性的评价。随着战略管理进程的发展，为了易于评估人力资源政策与企业战略和目标的协调程度有多大，一些学者调查了不同产业领域的一系列公司的整体战略和策略。最具代表性的战略包括基础性战略、适应性战略和竞争性战略。这种分类有助于分析人力资源战略的一致性问题。基础性战略是指一个公司作为一个整体为达到销售和利润目标的主要行动计划。通常有三种基础性战略：稳定、发展和转移。稳定战略指的是维持现状——继续采用同一方式服务于同一市场区域内的顾客，追求平稳适度的绩效改进。采用这种战略的公司认为环境只提供了有限的机会。发展战略指的是增大潜能，开发新市场或新产品，在公司内部给职工提供提高工作能力的机会。当一个企业由于经营不景气或其他原因而衰退时，会采取转移战略的措施。该战略包括降低成本、减少资产和缩减规模。这三种不同的战略都需要不同的人力资源政策及应用。

适应性战略是指企业确定基础性战略后运用于整个组织内部的战略。总之，适应性战略的目的是建立组织与外部环境的一致性。适应性战略的三个主要类型：前瞻型、防卫型和分析型。

采纳前瞻型战略的组织会不断地开发产品和分析市场机会，创造竞争对手必须应对的变革，他们通常处于动态的环境中，需要一个有弹性的内部结构和系统以加快这种变革。相对而言，应用防卫型战略的组织比较稳定，他们主要致力于提高已有工作方法的效率来取代在技术和结构上的创新。采纳分析型战略的组织则是要提供一个在周边革新而核心相对稳定的环境，这种战略介于上述两种战略之间。

竞争性战略是在波特提出的三种竞争性战略，即成本领先战略、差异性战略和集中经营战略的基础上衍生而来的。

一个追求成本领先战略的公司需要提高生产率并加强管理以增强竞争力。一个公司在保持产品价格相当于或低于竞争对手的同时，维持良好的品质并获得大于平均发展速度值的利润是可能的。差异性战略包括建立一种有别于其竞争者的产品和服务。产品宣传、产品外观或技术品位可以使公司的产品或服务独具一格。集中经营战略强调具备一个明确的市场、生产线或某一顾客群。在这个市场中，利用集中经营战略的组织可以在差异性战略和成本领先战略的基础上进行竞争。

四、人力资源战略制定方法

人力资源战略的制定根据制定可分为两种方法：一种是目标分解法；另一种是目标汇总法。

（一）目标分解法

目标分解法是根据组织发展战略对人力资源开发与管理的要求，提出人力资源战略的总目标，然后将此目标层层分解到部门与个人，形成各部门与个人的目标与任务。这种方法的优点：战略的系统性强，对重大事件与目标把握比较准确、全面，对未来的预测性较好。缺点：战略易与实际相脱节，容易忽略员工的期望，而且过程烦琐，不易被一般管理人员所掌握。

（二）目标汇总法

目标汇总法是目标分解法的逆向过程。它首先是部门与每个员工讨论、制定个人工作目标，在目标制定时充分考虑员工的期望与组织对员工的素质、技能、绩效要求，提出工作改进方案与方法，规定目标实施的方案与步骤，然后再由此形成部门的目标，最后由部门目标形成组织的人力资源战略目标。部门与个人目标的确定往往采用经验估计、趋势估计的方法。这种方法的优点：目标与行动方案非常具体，可操作性强，并充分考虑员工的个人期望。其缺点是全局性较差，对重大事件与目标及未来的预见能力较差。

第五章 工作分析

第一节 工作分析概述

一、工作分析的含义与内容

（一）工作分析的含义

工作分析又称职位分析、岗位分析或职务分析，它是通过系统全面的情报收集手段，提供相关工作的全面信息，以便企业进行改善管理效率。工作分析是人力资源管理工作的基础，其质量对其他人力资源管理模块具有举足轻重的影响。工作分析在人力资源管理中的位置，通过对工作输入、工作转换过程、工作输出、工作的关联特征、工作资源、工作环境背景等的分析，形成工作分析的结果——职务规范（也称为工作说明书）。职务规范包括工作识别信息、工作概要、工作职责和责任，以及任职资格的标准信息，为其他人力资源管理职能的开展服务。

（二）工作分析的内容

工作分析是指对工作进行整体分析，工作分析包括两部分内容：一是对组织内各职位所要从事的工作内容和承担的工作职责进行清晰的界定；二是确定各职位所需要的任职资格，如学历、专业、年龄、技能、工作经验、工作能力及工作态度等，即确定每一项工作的 6W1H：用谁做（who）、做什么（what）、何时做（when）、在哪里做（where）、如何做（how）、为什么做（why）、为谁做（whom），分析的结果或直接成果是岗位说明书。岗位说明书是记录工作分析结果的文件，它把该岗位的职责、权限、工作内容、任职资格等信息以文字形式记录下来，以便管理人员使用。工作分析是现代人力资源管理的基础，只有在客观、准确的工作分析的基础上才能进一步建立科学的招聘、培训、绩效考核及薪酬管理体系。

（三）与工作分析相关的基本术语

在工作分析中，常常会用到一些术语，但这些术语的含义经常被人们混淆。因此，理解并掌握它们的含义对科学、有效地进行工作分析十分重要。

1. 工作要素

工作要素是指工作中不能继续再分解的最小动作单位。例如，酒店里负责接待客人的服务员在客人刚刚来到酒店时要帮助客人运送行李，在运送行李的这项工作中就包含有将行李搬运到行李推车上、推动行李推车、打开客房的行李架、将行李搬运到行李架上四个工作要素。

2. 任务

任务是指工作中为了达到某种目的而进行的一系列活动。任务可以由一个或多个工作要素组成。例如：生产线上的工作人员给瓶子贴标签这一任务就只有一个工作要素；上面提到的运送行李的任务中就包含四个工作要素。

3. 职责

职责是指任职者为实现一定的组织职能或完成工作使命而进行的一个或一系列工作。例如，营销部经理要实现新产品推广的职责就需要完成一系列工作，包括制定新产品推广策略、组织新产品推广活动和培训新产品推广人员等。

4. 职位

职位也称为岗位，担负一项或多项责任的一个任职者所对应的位置就是一个职位。一般来说，有多少个职位就有多少个任职者，如总经理、秘书、出纳、招聘主管、营销总监等。应该注意的是，职位是以"事"为中心确定的，强调的是人所担任的岗位，而不是担任这个岗位的人。

5. 职务

职务由组织中主要责任相似的一组职位组成，也称工作。在规模不同的组织中，根据不同的工作性质，一种职务可以有一个职位，也可以有多个职位。例如，营销人员的职务中可能有从事各种不同营销工作的人，但他们的主要工作责任是相似的，因此可以归于同样的职务中。

6. 职业

职业是一个更为广泛的概念，是指在不同的组织中从事相似活动的一系列职务。职业的概念有着较大的时间跨度，处在不同时期，从事相似工作活动的人都可以被认为是具有同样的职业。如教师、工程师、工人、司机等都属于职业。

7. 职权

职权是指依法赋予的完成特定任务所需要的权力。职责与职权紧密相关，特定的职责要赋予特定的职权，甚至特定的职责等同于特定的职权。例如，质量检查员对产品质量的检验既是他的职责，又是他的职权。

二、工作分析的作用

工作分析是整个人力资源开发与管理的基础，具有十分重要的作用和意义。没有工作分析，就无法进行清晰的岗位描述与任职资格说明；没有清晰的岗位描述，就无法比较和评价岗位的价值；没有清晰的岗位职责描述，就无法确定岗位的关键职责与行为要项，进而无法提取恰当、准确、直击要害的绩效考评指标；缺乏绩效考评，就无法确定薪酬中的弹性、激励部分；没有工作分析就难以进行职位评价，无法确定基本的薪酬结构；没有职位评价与绩效管理，就无法让员工明确职业发展的通道及个人在绩效上的差距。具体来说，工作分析在人力资源管理中的作用与价值主要表现在以下几个方面。

（一）工作分析是整个人力资源开发与管理科学化的基础

人力资源管理过程包括岗位设计、招聘、配置、培训、考核、薪酬等环节，每个环节的工作均需要以工作分析为基础。岗位设计要以岗位职责与职务说明书为依据，招聘要以职位说明书为依据，配置要以工作要求为依据，培训要以工作内容和要求为依据，考核要以工作目标为依据，付酬要以岗位职责大小、所需技能高低与实际贡献大小为依据。这一切都要以工作分析为基础。因此，工作分析有助于工作评价、人员测评、定员、定额、人员招聘、职业发展设计与指导绩效考评、薪酬管理及人员培训的科学化、规范化和标准化。

（二）工作分析是组织现代化管理的客观需要

现代人力资源管理的突出特点是强调以人为中心，强调在工作分析的基础上进行工作再设计和恰到好处的定员、定额，为工作者创造和谐的人际关系和组织气氛，创造良好的工作条件和工作环境，控制各种有害因素对人体的影响，保护工作者的身心健康，以激发工作者的自觉性、主动性和创造性，从而满足现代化管理的需要。

（三）工作分析有助于实行量化管理

现代企业管理实践表明，提高效益要依靠好的政策和技术进步，更要依靠严格和科学的管理。实行严格和科学的管理需要一系列的科学标准和量化方法。工作分析通过岗位工作客观数据和主观数据分析，充分揭示了整个劳动过程的现象和本质的关系，有助于整个企业的管理逐步走向标准化和科学化。

（四）工作分析是管理者决策的基础

对于一个组织（包括公共事业组织和企业组织）来说，每个岗位的工作相当于建筑大厦中的砖块，不但是组织结构中最为基本的组成部分，而且是一切管理行为的出发点和归宿。任何一个管理者，包括高层决策者，都要考虑什么样的工作内容与条件才能让员工的潜能与积极性得到充分发挥、什么样的工作标准与要求才能使员工的产品或服务满足社会需求，进而使自己的组织获得生存力和发展力，从而更具有竞争力。

（五）工作分析是当前组织变革与组织创新的重要手段

工作分析为组织工作目标的重新选择、调整与组合提供了科学的依据与支持，为组织目标变革后重新界定各部门与各岗位的工作提供了思路和基础，因此其对于组织变革与结构调整条件下的管理决策来说非常重要。

（六）工作分析是提高现代社会生产力的需要

社会生产力的提高表现为生产效率和生产质量的提高。而提高生产效率与生产质量，关键在于简化工作程序，改进生产工艺，明确工作标准和要求，让每个人从事其最适合的工作，以达到最好的工作效果。

（七）工作分析对于人力资源管理研究者不可缺少

人力资源管理研究者主要研究人力资源管理的现象与规律。所有人力资源活动中的"人"与"事"及其关系，是整个人力资源管理研究的基本点。其中，"事"是内核，"人"在这里不是一般意义的人，是与一定"事"即工作相联系的人，是在职人员或求职人员。因此，对人力资源管理进行深入而科学的研究，不掌握工作分析的理论和方法是行不通的。

三、工作分析的原则

为了提高工作分析研究的科学性、合理性，企业在实施工作分析时应注意遵循以下原则。

（一）系统原则

在对某一工作进行分析时，要注意该工作与其他工作的关系及该工作在整个企业中所处的地位，从总体上把握该工作的特征及对人员的要求。

（二）动态原则

工作分析的结果不是一成不变的，而要根据战略意图、环境变化、业务调整，经常性地对工作分析的结果进行调整。工作分析是一项常规性的工作，需要定期地予以修订。

（三）目的原则

在工作分析中，要明确工作分析的目的，工作分析的目的不同，其侧重点也是不同的。如果工作分析的目的在于选聘人才，那么工作重点在于任职资格的界定；如果工作分析的目的在于决定薪酬的标准，那么重点又在于对工作责任、工作量、工作环境、工作条件的界定等。

（四）经济原则

工作分析是一项非常费时、费力、费钱的事情，它涉及企业组织的各个方面。人力资源部门应根据工作分析的目的，本着经济性的原则，采用合理的方法。

（五）职位原则

工作分析的出发点是从职位出发，分析职位的内容、性质、关系、环境及人员胜任特征，即完成这个职位工作的从业人员需具备什么样的资格与条件，而不是分析在岗的人员如何。否则，会使员工产生恐惧心理与防御心理等不利于工作分析结果的问题。

（六）应用原则

应用原则是指工作分析的结果，即职位描述与工作规范，要用于公司管理的相关方面。无论是人员招聘、选拔培训，还是考核、激励，都需要严格按照工作说明书和工作规范的要求来做。

（七）全员参与原则

有效的工作分析，需要各级管理人员与员工的广泛参与，尤其是高层管理者的支持与重视及业务部门的大力配合，仅靠人力资源部门是无法完成此项复杂的工作的。

四、工作分析的时机

企业若要进行工作分析，应在什么情况下才显得合理和必要呢？一般来说，当企业出现以下情况时，就表明需要进行工作分析。

（1）缺乏明确、完善的书面职位说明，员工对职位的职责和要求不清楚。

（2）虽然有书面的职位说明，但工作说明书所描述的员工从事某项工作的具体内容和完成该工作所需具备的各项知识、技能和能力与实际情况不符，很难遵照它去执行。

（3）经常出现推诿扯皮、职责不清或决策困难的现象。

（4）当需要招聘某个职位上的新员工时，发现很难确定用人的标准。

（5）当需要对在职人员进行培训时，发现很难确定培训的需求。

（6）当需要建立新的薪酬体系时，无法对各个职位的价值进行评估。

（7）当需要对员工的绩效进行考核时，发现没有根据职位确定考核的标准。

（8）新技术的出现导致工作流程的变革和调整。

五、工作分析的流程

工作分析是一项技术性很强的工作，需要做周密的准备，同时还需要具有与企业人力资源管理活动相匹配的、科学的、合理的操作流程。工作分析的流程是指完成工作分析任务的一系列相互衔接的步骤。工作分析是本着对工作做一个全面的评价，服务于构建人力资源管理平台的指导思想来进行设计的。工作分析的基本流程可概括为五个阶段：准备阶段、调查阶段、分析阶段、结果形成阶段和应用与反馈阶段。

（一）准备阶段

准备阶段的任务是了解有关情况，建立与各种信息渠道的联系，设计全盘的调查方案，确定调查的范围、对象与方法。

1. 工作分析的需求分析

工作分析是人力资源管理中一项基础性、常规性的工作。具体来说，当企业出现前述需要进行工作分析的八种情形时，就应着手准备开展工作分析了。

2. 建立工作分析小组

工作分析不是由人力资源部门单独完成的，也不是人力资源部门的工作人员仅凭个人对组织各岗位的认识"闭门造车"，编写出工作说明书。工作分析由于涉及面大、内容多且需要专门的技术，所以需要上至组织高层下到每位员工的理解、支持与参与，更需要成立专门的工作分析小组以保证工作分析的顺利进行。

工作分析小组成员一般由企业高层领导任组长，人力资源部经理担任项目执行组长，而且部分核心部门负责人也要参与进来。工作分析小组的具体人员则主要由人力资源部门专业人员和熟悉部门情况的各部门经理助理组成，以使工作分析在企业内获得最大限度的支持。

3. 工作分析的方案及计划设计

为了使工作分析能够顺利进行，在实施之前需要制订一个整体方案，根据工作分析的任务，将工作分析分解为若干个工作单元，以便逐项完成。整体方案是工作分析的蓝图，在具体实施时还需要形成一个具体的操作计划，以便工作分析能够有条不紊地进行。

一份工作分析整体方案通常应该包含以下内容。

（1）工作分析的目的和意义。

（2）工作分析调查方案的内容。

（3）工作分析项目的组织形式、实施者和参与者。

（4）工作分析实施的程序。

（5）工作分析实施的时间、地点。

（6）工作分析方法的选择。

（7）工作分析所需要的背景资料和配合工作。

（8）工作分析提供的结果。

（9）工作分析结果的审核和评价者。

（10）工作分析的费用预算。

4. 做好其他必要的准备工作

在进行工作分析之前，应由部门管理人员向有关人员介绍并解释，使有关人员对工作分析人员消除不必要的误解和恐惧心理，帮助二者建立起相互信任的关系。

（二）调查阶段

调查阶段是工作分析的第二阶段，主要工作是对整个工作过程、工作环境、工作内容和工作人员等主要方面做全面的调查。具体工作如下：

（1）编制各种调查问卷和提纲。

（2）在调查中，灵活运用面谈法、问卷法、观察法、参与法、实验法、关键事件法等不同的调查方法。

（3）根据工作分析的目的，有针对性地搜集有关工作的特征及所需要的各种数据。

（4）重点收集工作人员必要的特征信息。

（5）要求被调查人员对各种工作特征和人员特征的问题发生频率和重要性做出等级评定。

（三）分析阶段

分析阶段是对调查阶段所获得的信息进行分类、分析、整理和综合的过程，也是整个分析活动的核心阶段。具体有以下工作内容。

（1）整理分析资料。将有关工作性质与功能调查所得资料，进行加工整理分析，分门别类，编入工作说明书与工作规范的项目内。

（2）创造性地分析、揭示各职位的主要成分和关键因素。

（3）归纳、总结出工作分析的必需材料和要素等工作。

（四）结果形成阶段

这一阶段的主要任务是在深入分析和总结的基础上，编制工作说明书和工作规范。

（1）将收集到的信息进行处理，编写成工作说明书。工作说明书是以标准的格式对职位的工作及任职者的资格条件进行规范化的描述文件。编写工作说明书是指通过对工作分析的结果（诸如工作描述、工作资格等）加以整合形成具有企业法规效果的正式文件的过程。

（2）工作分析的评估。评估就是要对工作分析工作的成效进行评价，以确定其价值，并总结经验教训，防止在工作分析中出现"虎头蛇尾"的现象，比如，只重视工作分析的过程，忽视工作分析的实用性和应该产生的真正效果，为今后更科学、有效地进行工作分析提供借鉴。

（五）应用与反馈阶段

（1）对工作说明书使用者的培训。工作说明书是由专业人员编写的，而使用者是实际从事工作的员工，尽管部分任职者参与了工作分析的全过程，但是工作分析的最终成果包含了大量技术性、专业性的内容，对工作说明书的使用者进行培训是必要的。

（2）将草拟的职务描述书和任职说明书与实际工作对比，以决定是否需要进行再次调查。

（3）修正职务描述书与任职说明书，对特别重要的岗位，还应按前面的要求进行再次修订。

（4）将职务描述书与任职说明书应用于实际工作中，并注意收集反馈信息，不断完善这两份文件。

（5）对工作分析工作进行总结评估，并以文件形式将职务说明书确定下来并归档保存，为今后的工作分析提供经验与信息基础。

职务说明书要定期进行评审，审查其是否符合实际的工作变化，同时要让员工参与到工作分析的每个过程中，一起探讨每个阶段的结果，共同分析原因；当职务说明书需要调整时，也要员工参与调整工作。只有亲身体验，才能加强员工对工作分析的充分认识和认同，从而在实践中被有效实施。

第二节 工作分析信息及其收集与分析方法

一、通用工作信息收集方法

（一）访谈法

访谈法是目前国内企业中运用最广泛、最成熟、最有效的工作分析方法。访谈法是指访谈人员就某一岗位与访谈对象，按事先拟订好的访谈提纲进行交流和讨论。访谈法能够适用各类职位的职位分析要求，而且对中高层管理职位进行深度工作分析效果最好。访谈的成果不仅仅表现在书面信息的提供上，更重要的是，通过资深工作分析师牵引指导，协助任职者完成对职位的系统思考、总结与提炼。

（二）访谈的内容

（1）工作目标：组织为什么设立这一职务？根据什么确定职务的报酬？

（2）工作内容：任职者在组织中有多大的作用？其行动对组织产生的后果如何？

（3）工作的性质和范围：这是访谈的核心，包括该工作在组织中的关系，其上下级职能的关系，所需的一般技术知识、管理知识、人际关系知识，需要解决的问题的性质及主动权。

（4）所负责任：涉及组织战略决策、控制、执行等方面。

访谈法一般不能单独使用，最好与其他方法配合使用。该方法适合于不可能实际去做某项工作，或不可能去现场观察及难以观察到某种工作的情况。访谈法的适用对象是脑力职位者，如开发人员、设计人员、高层管理人员等。

（三）问卷调查法

问卷调查法也称为书面问卷调查法或填表法。问卷调查法是企业工作分析中应用频率最高的调查分析方法。它是调查者根据岗位分析的目的，事先收集所要调查岗位的基本信息，设计统一的调查问卷，以调查问卷的方式向被选择的调查对象了解岗位工作信息或征询对岗位工作某一方面或某些方面意见和建议的方法。

工作分析采用的问卷调查法的种类和方式有很多，具体分类有以下三种。

1. 按照调查问卷填报方式分类

调查问卷根据填报方式可以分为自填问卷和代填问卷。其中，自填问卷根据送发和回收渠道的不同，可以分为邮政快递问卷、企业内部送发问卷和计算机填报问卷。代填问卷根据与被调查者沟通交流的方式不同，可以分为面对面访问代填问卷与电话或视频访问代填问卷。企业在工作分析中常用的是自填问卷，在条件许可的情况下，应该采用计算机自填问卷。

2. 按照调查问卷使用对象分类

根据问卷调查的使用对象，问卷可以分为全面调查问卷和抽样调查问卷。企业在工作分析中应根据不同目的选择采用全面调查或是抽样调查。在岗位分析工作中，为保证获取一定的样本量，如果企业人力资源规模小于 200 人，建议采用全面调查；如果企业人力资源规模超过了 200 人，建议采用抽样调查。

3. 按照调查问卷调查范围分类

根据问卷调查的范围，问卷可以分为综合调查问卷和专题调查问卷。问卷调查法应用广泛、普遍，在工作分析工作中，如果以编制岗位说明书为主要目的，所设计的问卷一般是专题调查问卷；如果工作分析工作中还涉及组织结构调整、工作流程优化等其他事项，则需要设计综合调查问卷。

（四）工作日志法

工作日志法是由任职者按时间顺序，详细记录自己在一段时间内的工作内容与工作过程，经过归纳、分析，达到工作分析的目的的一种方法。

1. 工作日志法的基本程序

第一步，准备阶段。向工作分析的对象解释工作分析的目的、意义和工作日志法的基本要求。

第二步，实施阶段。要求员工严格按照规定的格式和要求填写工作日志。

第三步，分析阶段。

第四步，编写工作说明书。

2. 工作日志法的填写要求

（1）应在每天工作开始前将工作日志放在手边，每天按时间顺序记录自己所进行的工作任务、工作程序、工作方法、工作职责、工作权限及各项工作所花费的时间等。

（2）要严格按照表格要求进行填写，不要遗漏那些细小的工作活动，以保证信息的完整性。

（3）为了避免损害自己的利益，务必提供真实的信息。

（4）做好保管工作，防止遗失。

（5）以真诚的态度与管理人员合作。

（五）观察法

观察法就是工作分析人员在不影响被观察人员正常工作的前提下，通过观察将有关工作的内容、方法、程序、设备、工作环境等信息记录下来，最后将取得的信息归纳整理为适合使用的结果的方法。利用观察法进行工作分析时，应力求观察的结构化，根据工作分析的目的和组织现有的条件，事先确定观察的内容、时间、位置、所需的记录单等，做到省时高效。

观察法可分为直接观察法、阶段观察法和工作表演法三种形式。

一般来说，观察法适用于外显特征较明显的岗位工作，如生产线上工人的工作、会计员的工作等。而不适合长时间的心理素质分析，也不适于工作循环周期很长的脑力工作，偶然、突发性工作也不易观察，且不能获得有关任职者要求的信息。

二、以人为基础的系统性方法

（一）职位分析问卷法

职位分析问卷法（Position Analysis Questionnaire，PAQ）是一种结构严谨的工作分析问卷，是目前普遍使用的人员导向职务分析系统。

1. PAQ 的基本实施步骤

明确工作分析—赢得组织支持—确定信息收集的范围与方式—培训 PAQ 分析人员—与员工沟通整个项目—收集信息并编码—分析工作分析的结果。

2. PAQ 的项目

PAQ 包含 194 个项目，其中 187 项被用来分析完成工作过程中员工活动的特征（工作元素），另外 7 项涉及薪酬问题。

所有的项目被划分为信息输入、思考过程、工作产出、人际关系、工作环境、其他特征六个类别，PAQ 给出每一个项目的定义和相应的等级代码。

3. PAQ 的使用

在应用 PAQ 时，工作分析人员要依据六个计分标准对每个工作要素进行衡量，给出评分。这六个计分标准是信息使用程度、工作所需时间、对各个部门及各部门内各个单元的适用性、对工作的重要程度、发生的可能性，以及特殊计分。

（二）管理职位分析问卷法

所谓管理职位分析问卷法（Management Position Description Questionnaire，MPDQ），指利用工作清单专门针对管理职位分析而设计的一种工作分析方法。它是一种管理职位描述问卷方法，是一种以工作为中心的工作分析方法。MPDQ 是对管理者的工作进行定量化测试的方法，涉及管理者所关心的问题、所承担的责任、所受的限制及管理者的工作所具备的各种特征。

（三）工作要素法

1. 工作要素法的实施步骤

第一步，提出工作要素，由专家组来完成；

第二步，利用工作要素表对工作及其下级子要素进行评估；

第三步，对评估结果进行解释和描述，以确定最终的工作要素及其下级子要素。

2. 工作要素的内容

只有那些对完成工作有重要影响的要素才能被列入考虑之中，而不是所有的与工作相关的要素都要考虑，具体内容如下：

（1）知识，如专业知识掌握程度、外语水平、知识面的宽窄等。

（2）技能，如计算机运用、驾驶技术、叉车操作技术等。

（3）能力，如口头表达能力、判断能力、管理能力等。

（4）工作习惯，如对工作的热爱程度、承担超负荷的工作的意愿等。

（5）个性特点，如自信、主动性、独立性、外向、内向等。

三、以工作为基础的系统性分析方法

（一）职能工作分析法

职能工作分析法（Functional Job Analysis，FJA）又可称为功能性职位分析法，是美国培训与职业服务中心开发的一种以工作为中心的职位分析方法。它是以员工所需发挥的功能与应尽的职责为核心，列出加以收集与分析的信息类别，使用标准化的陈述和术语来描述工作内容。职能工作分析法的框架包括以下几个方面。

1. 完成什么与做什么

每项任务描述必须以能描述工作行为的特定动词开始，如誊写、阅读等，而以"目的是"或"为了"等对工作结果描述的词作为任务描述的结尾。只有同时具备工作行为和工作结果任务描述才算完整。

2. 工作者的职能——数据、人、事

工作者与数据、人、事发生关系时所表现的工作行为，可以反映工作的特征、工作目的和人员的职能。

3. 完整意义上的工作者

工作者完成工作职能时必须具备三种技能：通用技能、特定工作技能和适应性技能。

（二）任务清单分析系统

任务清单分析系统（Task Inventory Analysis，TIA）一般由两个子系统构成：一是用于收集工作信息的一整套方法、技术；二是与信息收集方法相匹配的用于分析、综合和报告工作信息的计算机应用程序软件。

任务清单分析系统收集工作信息的工具实际上是高度结构化的调查问卷，一般包括两大部分：一是背景信息；二是任务清单。任务清单部分其实就是把工作任务按照职责或其他标准以一定顺序排列起来，然后由任职者根据工作的实际情况对这些工作任务进行选择、评价等，最终理顺并形成该工作的具体内容。

任务清单分析系统有以下四个实施步骤。

第一步，构建任务清单。构建的方法有很多种，既可以来自对所研究工作的观察或工作日志，也可以来自另外的任务清单。

第二步，利用任务清单收集信息。在列出任务清单的基础上加上评价尺度便成为用于收集信息的工具。

第三步，分析任务清单收集的信息。任务清单收集的信息，绝大部分是量化的，可以用计算机程序进行统计分析。至于不可量化的信息，或为某些特殊目的收集的附加信息，应根据工作分析的目的进行相应的处理。

第四步，利用任务清单编辑工作说明书。利用任务清单对工作进行分析，分析结果是典型的工作说明书，包括工作描述和工作规范两个部分。

（三）关键事件法

关键事件法（Critical Incident Technique，CIT）要求岗位工作人员或其他有关人员描述能反映其绩效好坏的关键事件，即对岗位工作任务造成显著影响的事件，将其归纳分类，最后就会对岗位工作有一个全面的了解。关键事件的描述包括：导致该事件发生的背景、原因；员工有效的或多余的行为；关键行为的后果；员工控制上述后果的能力。

关键事件法有以下三个实施步骤。

第一步，正确编写事件的规则。一个正确的关键事件编写应该具备以下四个特征：特定而明确的事件；集中描述工作所展现出来的可观察到的行为；简单描述行为发生的背景；能够说明行为的结果。

第二步，获取关键事件所需使用的方法。广泛应用的三种典型方法是工作场所会议、观察、访谈和调查（非工作会议形式）。这三种方法的目的是帮助工作人员整理出能够体现工作业绩与行为的范例。产生结果的过程应该结构化和简单化，这样使回忆和整理的过程尽量容易。

第三步，编辑关键事件。在关键事件收集好之后，必须对其进行编辑加工，为下一步应用关键事件做好准备。除纠正一些拼音和语法错误外，首先，按照要求，检查每个范例是否内容完整，前后的格式是否统一；其次，要考虑范例的长度，长度适合才能保证提供必需的信息，太长则给阅读者带来困难；最后，要考虑读者的认同感，技术语言、职业行话、俗语应该被保留，其中的细微差别能使它的使用者深有同感。

第三节　工作分析的原则与程序

一、工作分析的原则

为了保证工作分析的有效性，在实施过程中至少应遵循以下原则。

（一）系统原则

通过组织设计的分析，我们知道，每个职务只是纵横交错的组织网络中的一个节点，既肩负着上下关系中的职责职权，也肩负着左右关系中的职责职权，所以进行工作分析时要注意该职务与其他职务的这种上下左右的组织联系。

（二）动态原则

随着组织经营环境和战略意图的重要变化，可能会要求重新进行局部或全面的工作分析，以适应新的变化。

（三）目标原则

何时做工作分析，这体现了工作分析的目标原则，即它通常是为了满足组织管理上的某项需求：如需要明确工作职责，那么分析的重点在于工作范围、职责和任务的划分；如目的在于选聘人才，那么分析的重点在于任职资格的界定；如目的是方便绩效考核和薪酬确定，那么分析的重点则是对工作的价值、工作量、工作环境、工作条件等因素的界定。

（四）参与原则

现代人力资源管理要求全员参与，工作分析也不例外，它不仅仅是人力资源部门的工作。离开全体成员的参与，工作分析将如开篇案例所述，根本无法有效完成。事实上，工作分析的结果也和所有人密切相关，它规定了每个职务及职务承担者的责任和权力及利益，每个职务的承担者都应自觉参与其中。

（五）客观原则

如前所述，工作分析的对象是职务而不是职务承担者，这要求在工作分析过程中应避免职务承担者个人因素的影响，关注工作应如何做、要求什么样的能力，这对于确定工作职责和工作量，从而确定人员编制，具有非常重要的意义。

当然，工作分析中我们还应注意其他问题，如经济性、应用性问题。经济性要求工作分析过程中投入的人力、物力、财力应符合投入产出原则；应用性要求工作分析的结果一旦形成，就应在人力资源各项管理活动中发挥其基础作用。

二、工作分析的程序

工作分析是对职务的全面评价过程，其成功有赖于组织全体成员的积极参与，尤其是高级管理人员的支持，同时也离不开企业战略的指导，业务部门的配合，受过专门训练的职务分析人员，职务分析方法的选择及经费保证等。工作分析通常经历以下四个阶段。

（一）准备阶段

准备阶段要做的工作可以概括为：确定分析目标，确定所需信息，明确人员责任，取得合作支持，选择分析内容。

1. 做出进行工作分析的决策，并确定分析的目标和侧重点

是否需要进行工作分析，应根据本公司的实际情况而定，前文部分已经介绍了需要进行工作分析的情景。通常情况下，要由人力资源部门经过充分论证后提出工作分析的需求，然后与企业高层、直线经理、待分析岗位的员工进行充分沟通，得到从上到下的理解和强有力支持，就工作分析达成共识。

工作分析决策还应当确定工作分析的目标和侧重点，以指导此后工作信息的收集、分析方法的选择等。比如，如果工作分析的目的是为了确定绩效考评标准，那么仅仅确定工作职责和任职资格是不够的，而是要重点关注衡量每项工作任务的标准，明确任职者完成每项工作任务的时间、质量、数量

等方面的标准；如果工作分析的目的是确定薪酬体系，在工作分析方法上就要选择一些定量的方法对职务进行量化评估，确定每一职务在组织中的相对价值。

2. 成立工作分析小组，对小组成员进行培训

如前所述，工作分析小组的组成人员至少应包括以下几部分：人力资源管理者、工作岗位的实际承担者及其管理人员、经过专门培训的工作分析专家。三者在小组中分别承担不同的功能：人力资源部门工作人员负责具体组织和实施；管理人员发动被分析的职务承担者，同时也提供与工作有关的信息；工作分析专家则提供方法和理论支持。必要时，还可请其他人参与其中，如同部门其他岗位员工、与本部门有工作联系的其他部门人员等。对服务性工作岗位的工作分析，还可邀请顾客作为信息来源。为加强协调，同时让小组成员熟悉工作分析有关理论和方法，统一行动，还需要对小组成员进行培训。

3. 选择分析样本

样本选择应注意代表性和典型性，尤其待分析工作岗位人员设置较多时，为节约成本和时间，提高效率，就要选择有代表性的岗位任职者作为样本。

这一阶段，还要就工作分析的意义、目的、有关细节在相关成员中进行宣传，尤其是公司管理层要大力推动，并制定相应奖惩措施以取得有关人员的理解和积极配合。

（二）实施阶段

实施阶段的工作可概括为：制定实施方案，制作信息收集工具（如访谈提纲、调查表等），研究文献资料，收集工作信息，整理工作信息，反馈、修订信息。

1. 制定总体实施方案

制定总体实施方案，至少应当包括以下内容。

（1）工作分析的目的和意义。

（2）需要进行工作分析的职务。

（3）待分析的工作样本，即选择部分具有代表性的任职者或工作片段。

（4）工作分析所需收集的信息内容主要考虑以下几个方面：工作分析的目标和侧重点；对现有资料进行研究，找出一些须重点调研或进一步澄清的信息。

（5）工作分析的组织与实施者。

（6）工作分析实施的过程和步骤。

（7）时间进度和活动安排。

（8）工作分析方法的选择和工具设计（如调查表等）。考虑工作分析的目的、所分析职务的特点及实际条件的限制等，选择合适的方法，如定量的方法。通常会对职位价值进行评价，有助于薪酬设计和绩效考核标准的制定；以机械活动为主的工作适合用观察法；有的职务需要的任职者资格较低，就不适用开放式问卷法来调查。经费或时间有限时，有的方法虽然能够收集到较多信息但耗费较大、耗时较长，因此也无法选用。

（9）所需的背景资料和配合工作。有参考价值的资料主要包括国家职业分类标准或国际职业分类标准、有关整个组织的信息（如组织结构图、工作流程图、部门职能说明等）、现有的工作说明或岗位责任制资料。

（10）工作分析所提供的结果。

（11）工作分析所需预算和物资。

必要时，在方案中还要对有关用语进行规范，以减少表达和理解误差，争取收集上来的信息具有一致性，也便进行最后的分析。

2. 收集文献信息

收集并对有关文献进行研究，提炼需要的信息。

3. 收集工作信息

按照实施方案所确定的内容和方法向特定对象收集信息。信息收集过程中要注意随时寻求必要的支持和帮助，以保证所收集信息的准确性。

4. 整理工作信息

整理的过程中对不准确信息进行再核实，并反馈修订。

（三）工作分析成果的生成阶段

工作分析成果的生成阶段主要进行信息分析、撰写初稿，经过反馈与修订，报批后颁布。

（四）工作分析成果的应用、反馈与完善阶段

此阶段应重点进行两个方面的工作：一是对职务说明书的应用进行培训，并在应用过程中提供支持和帮助；二是接受反馈，必要时对职务说明书进行局部修订。实践工作中，视组织需要，这些程序也可简化或细化。但应注意，前期准备是否充分、实施方案是否完备，对工作分析的成败非常关键；在决策阶段，与高层、直线经理和员工的沟通必不可少，最好让他们提出工作分析的需求和重点，以得到理解和支持；除组织新成立或重组时须进行的全面工作分析外，其他目标导向下的工作分析应有侧重点；对工作分析小组的理论和方法培训必不可少，便于分工协作和统一行动；分析样本的选择要有代表性；合理的时间进度和活动安排，既保证按时完成，又不影响正常工作。

第四节 工作分析的应用

一、工作分析在人力资源规划中的应用

人力资源规划的制订是以企业的工作分析为基础的，同时它又为下一步的人力资源管理活动确定了目标、原则和方法。

（一）工作分析与需求预测分析

工作分析的目的在于掌握企业现有的人力资源的整体情况；工作职责分析的目的在于掌握各类人员的职责是否符合企业未来的发展目标；工作规范分析的目的在于了解企业现有职位人员是否具备实现企业发展战略的技术和能力；发展战略、企业文化环境的分析可以对企业需要的人力资源数量、质量及结构的总体状况做出预测分析，从而确定企业是否需要进行人员的补充，需要哪种类型的人才补充，并设计出未来所需人员的职责。

（二）工作分析与供给预测分析

企业人力资源供给预测分析的信息主要来源于两个方面：一是企业外部人员的招聘；二是企业内部人员的晋升、调配。企业在对人力资源供给预测的信息进行分析时，都在一定程度上依赖于工作分析的结果，如确定所需人员的标准、提供供给预测分析的资料。

（三）工作分析与人力资源政策

完成人力资源的需求预测与供给预测，比较平衡后企业会制定相应的人力资源政策。

（四）工作分析与人力资源规划的控制与反馈

人力资源规划的最后一个步骤——控制与反馈，即对人力资源规划的合理性、准确性进行反馈，并根据现实情况不断予以修正和完善的过程，是为了实现对人力资源的有效配置，其最终的目标是保证企业战略的顺利实施。这需要以工作分析的结果为依据来检验和衡量。

二、工作分析在人员招聘中的应用

（一）确定招聘需求

通过工作分析掌握人力资源规划中人员配置是否得当，了解招聘需求是否恰当，分析需要招聘职位的工作职责、工作规范。

（二）确定招聘信息

根据工作说明书准备需要发布的招聘信息，使潜在的候选人了解对工作的要求和对应聘者的要求。

（三）发布招聘信息

根据工作规范的素质（知识、技能等）特征要求及招聘的难易程度选择招聘信息发布渠道。

（四）应聘者资料筛选

根据工作规范的要求进行初步资格筛选，以便选择适当的应聘者面试，以节约招聘成本。

（五）招聘测试

根据招聘职位或职位的实际工作，选用适当的方式（操作考试、情境测试、评价中心）选用与实际工作相类似的工作内容对应聘候选人进行测试，了解、测试其在未来实际工作中完成任务的能力。

（六）面试应聘者

通过工作分析掌握面试中需要向应聘者了解的信息，验证应聘者的工作能力是否符合工作职位的各项要求。

（七）选拔与录用

根据工作职位的要求，录用最适合的应聘者。

（八）工作安置和试用

根据工作职位的要求进行人员的合理安置，对试用期的员工进行绩效考核，确认其是否满足职位需求。

三、工作分析在绩效管理中的应用

为了制定客观的工作业绩评价指标，必须从员工的工作任务出发，分析工作中的关键工作领域或关键业绩指标，在各项关键业绩指标间分配权重，构成制定岗位的关键业绩指标体系，然后据此确定岗位绩效指标关系。

（一）工作分析与工作绩效范围的确定

绩效管理的基本前提是确定工作绩效的范围，即被考查工作的范围，而这一范围的确定，必须通过工作分析来完成。

（二）工作分析与关键业绩指标的确定

关键绩效指标是指企业宏观战略目标决策经过层层分解产生的可操作性的战术目标，是宏观战略决策执行效果的检测指标。关键绩效指标是衡量企业战略实施效果的关键指标，其目的是建立一种机制，将企业战略转化为内部过程和活动，以不断增强企业的核心竞争力，持续地取得高效益。

关键绩效指标体系与工作分析的关系：中高层职位的绩效指标体系是主要采用关键绩效指标未知的绩效考核体系；基层职位的绩效考核体系是基于战略的关键绩效指标，其内容往往以包含于工作分析所得到的考核指标之中，基层职位形成关键绩效指标、年工作分析和工作任务三位一体的考核指标体系。

（三）工作分析与绩效考核方法的关系

绩效考核的方法主要有特性法、比较法、行为评价法、结果法等及由各种方法组合或衍生出的其他方法。这些方法都是以工作分析为基础的。

（四）工作分析与绩效考核管理和评估的关系

在绩效管理的任何一个阶段都有可能出现一些问题，例如，缺乏明确的工作绩效评价标准，工作绩效标准不贴切或主观性太强，工作绩效标准脱离现实，等等。从实践的角度来看，在排除了企业外部环境因素的前提下进行分析，不难发现，造成这些问题的原因与工作绩效标准没有来源于工作分析有重要的关系。这些绩效管理问题都需要通过工作分析来解决。

四、工作分析在薪酬管理中的应用

薪酬是指员工被组织雇佣、作为个人劳动付出的回报而得到的各种类型的经济或非经济上的回报、报酬。员工的薪酬有很多种形式，比如，直接经济报酬中的工资、薪水、奖金、佣金、津贴等，间接经济报酬中的各种福利待遇等。

薪酬管理从制定薪酬战略和原则开始，然后进行工作分析，在工作分析的基础上进行工作评价，对企业内部的各个岗位进行价值衡量，以确保各个职位的相对价值。再根据工作评价的结果将所有的岗位划分为一定的工资等级，通过各种方式了解市场薪酬水平，特别是那些与本企业有竞争关系的企业相似岗位的市场劳动力价格。通过对比将企业内的岗位的相对价值用薪酬的绝对值水平来表示，确定薪酬水平。最后对薪酬结构中的特殊岗位进行调整，以保持组织内薪酬的吸引力和成本的合理性。

从薪酬设计流程可以看出，企业薪酬设计必须建立在科学的工作评价基础之上，而工作评价的依据则来自工作分析形成的工作说明书。因此，以工作分析为基础的工作评价是薪酬设计的客观依据，也可以说，工作分析是薪酬体系设计的前提和基础。

五、工作分析在培训与开发中的应用

工作分析对培训的贡献与支持主要集中在对培训需求的分析这一阶段。

（一）组织分析

一是帮助企业构建内部的人力资源信息系统，使企业能够对人力资源现状进行度量；二是提供关于工作的情境信息，包括关于职位最终产品与服务、工作流程、工作成本等方面所面临的问题，以找到企业中可以改进的方面，从而为企业层面的培训需求的确定提供依据。

（二）任职资格分析

一是岗位说明书，关于岗位的知识要求、技能要求及素质要求中纯粹属于能力而与个性无关的部分，如信息收集能力、观察能力、计划能力、组织能力等；二是自我观念、内在动机等，在岗位说明书中则体现为素质要求中的个性特征部分，如责任心、外向性等。在这两个部分中，前者是较容易改变的，而后者则较为稳定与固化，改变起来相当困难。培训中的任职资格主要针对前者。

（三）人员分析

人员分析是建立在任职资格分析之上，将任职资格与任职者现状进行对比的过程，因此工作分析对人员分析的贡献主要体现在任职资格分析之中。

第六章 绩效与薪酬管理

第一节 绩效管理的基础理论

一、绩效管理概述

绩效管理是一个完整的系统，在这个系统中，组织及其管理者在组织使命、核心价值观的指引下，为达成远景目标和战略目标而进行绩效计划、绩效监控、绩效评价及绩效反馈，其目的是确保组织成员的工作行为和工作结果与组织期望的目标保持一致，通过持续提升个人、部门及组织的绩效水平，最终实现组织的战略目标。例如，丰田汽车公司凯美瑞工厂的员工组成的团队监督他们自己的绩效结果，他们通过持续不断地调整自己及整个团队的做事方式，以使团队的绩效结果与团队的绩效标准及整个工厂的总体质量和生产效率要求持续性地保持一致。

二、绩效管理的内容

绩效管理系统是由绩效计划、绩效监控、绩效评价和绩效反馈四个部分组成的一个系统。

（一）绩效计划

绩效计划是绩效管理系统的第一个环节，是指根据组织的战略目标及目标的分解，结合员工的工作内容和岗位职责，通过面谈，共同确定组织、部门、员工及个人的工作任务，并签订目标协议的过程。其作用在于帮助员工认清目标、明确路线。绩效目标应明确、具体、可衡量，并且要充分考虑所需要资源及可能面临的障碍。

（二）绩效监控

绩效监控是绩效管理的第二个环节，也是整个绩效周期历时最长的环节，是指在绩效计划实施过程中，管理者与下属通过持续的沟通，采取有效的监控方式对员工的行为及绩效目标的实施情况进行监控，并提供必要的工作指导与工作支持的过程。要发挥绩效管理系统的作用，要求管理者在整个绩效计划实施过程中持续与下属进行绩效沟通，了解下属的工作状况，预防并解决绩效管理过程中可能发生的各种问题，帮助下属更好地完成绩效计划。在绩效监控阶段，管理者需要采取有效的管理方式监控下属的行为方向，通过持续不断的双向沟通，了解下属的工作需求并向其提供必要的工作指导，并且需要记录好工作过程中的关键事件或绩效数据，为绩效评价提供信息。

从绩效监控的手段看，管理者与下属之间进行的双向沟通是实现绩效监控目的的一种非常重要的手段。

（三）绩效评价

绩效评价是绩效管理的核心环节，是指根据绩效目标协议书约定的评价周期和评价标准，由绩效管理部门选定的评价主体，采用有效的评价方法，对组织、部门及个人的绩效目标完成情况进行评价的过程。需要注意的是，应当把绩效评价放到绩效管理过程中，将其看作绩效管理过程的一个环节。

（四）绩效反馈

绩效反馈是指在绩效评价结束后，管理者与下属通过面谈的方式，将评价结果反馈给下属，共同分析绩效不佳的方面及其原因，制订绩效改进计划的过程。绩效反馈在绩效管理过程中具有重要的作用，是绩效管理过程中的一个重要环节，也是一个正式的绩效沟通过程。有效的绩效反馈可以使员工了解到自己的长处与不足，以此为依据制订自己的改进和发展计划，还可以从制度上避免或减少考核中不公平的现象，减少考核误差。绩效管理的目的绝不仅仅是得出一个评价等级，而是要着眼于提高绩效，确保员工的工作行为和工作产出与组织目标保持一致，从而实现组织的绩效目标。

三、绩效管理的特点

理解绩效管理的特点，对构建科学的绩效管理体系具有极大的意义。绩效管理具有以下几个特点。

（一）多维性

多维性是指员工的绩效可以从多个角度或多个方面进行考核，如知识、能力、态度等。例如，一名酒店服务人员的绩效包括服务态度、出勤情况、与同事的合作及遵守纪律的情况等方面。因此，对员工的绩效必须多方面进行考查。当然，不同的维度在整体绩效中的重要性也是不同的。

（二）协同性

协同性是指通过绩效管理系统，实现组织、业务部门、支持部门、外部合作伙伴的全面协同，形成合力，促进竞争优势的形成。协同是组织设计的最高目标，一个组织由不同部门组成，为了实现组织的整体绩效超过组织内各部门所产生的绩效的总和，即产生"1+1 > 2"的整体效应。绩效管理系统的协同性需要重点关注组织与业务部门之间的纵向协同，业务部门之间及业务部门与支持部门之间的横向协同，组织与外部合作伙伴的协同，从而形成全方位、多维度的协同体系，最终为实现组织战略目标服务。在当前竞争如此激烈的时代，同类企业之间的硬实力的差距越来越小，现代企业如何实现全面协同，形成较大的合力，已经成为企业获取竞争优势的法宝。

（三）公平性

公平性是指绩效管理系统必须站在推动组织持续发展的立场上，公平地处理各种关系，让所有的员工感受到过程与结果的公平。通常情况下，一个绩效管理系统执行的效果好坏和效率高低，与员工所感知到的公平感有很大的关系。因此，形成一个各方都能接受的充分公平的绩效管理系统，对组织而言是非常重要的。在绩效评价过程中，组织一定要重视绩效评价程序的公平和绩效评价结果的公平。

四、绩效管理的目的

组织的一切绩效管理活动都是围绕绩效管理目的展开的，偏离了目的，绩效管理就失去了存在的价值和意义，失败将不可避免。总结起来，绩效管理的目的包括战略目的、管理目的和开发目的，只有三个目的同时实现，才能够确保组织绩效管理活动的科学性、有效性和合理性。

（一）战略目的

绩效管理与组织战略密切相关。绩效管理系统能够将员工的具体工作活动与组织的战略目标联系起来，通过采用先进的绩效管理工具，如平衡计分卡、关键绩效指标等，将组织、部门和员工个人的绩效紧密地联系在一起，使员工个人绩效提高的同时促进组织整体绩效的提升，从而确保组织战略目标的实现。所以，应该将组织的战略目标逐层落实到部门和员工个人，并在此基础上制定相应的绩效评价指标体系，设计相应的绩效评价和反馈系统。

管理者可以通过绩效评价指标体系来引导员工的行为，帮助员工正确认识自己和提高自己，使员工的努力方向与组织战略保持高度一致，有利于组织战略目标的实现。

（二）管理目的

绩效管理的管理目的主要是指要以绩效评价结果为依据做出各项管理决策，从而激励和引导员工不断提高自身的工作绩效，最大限度地实现组织目标。组织的各项绩效管理决策离不开准确的员工绩效信息，绩效评价的结果是组织进行人力资源规划、人员配备、人员培训、调薪、晋升，以及员工进行职业生涯规划等的重要依据。绩效考核的反馈结果能够反映管理系统的潜在问题，使管理者知道员工的优势和不足，为下一阶段的工作提供参考，同时还为协调各部门之间的关系提供了制度依据。绩效考核是依据岗位说明书进行的，如果考核结果与岗位要求出现差距，应该适当调整岗位说明书，让岗位要求变得更加科学；如果岗位要求太高、员工素质较差，应该加强员工培训或提高招聘要求，做到岗得其人。根据绩效考核的结果，确定员工培训目标，并制定切合实际的具体培训方案，使人力资源培训取得良好的效果。绩效考核结果可直接作为员工薪酬的发放和调整依据，客观反映员工对企业贡献和所得回报之间的对应关系，发挥奖惩和激励作用。管理者可以通过分析绩效考核结果，从众多的员工中选拔出优秀员工，发现员工的工作兴趣方向和工作潜力，使员工有比较理想的职业生涯。

（三）开发目的

绩效管理的开发目的主要是指管理者通过绩效管理过程发现员工的不足，以便对员工进行有针对性的培训，从而使员工能够更加有效地完成工作。通过绩效评价，管理者可以发现员工绩效不佳的原因，这就为绩效反馈环节分析绩效差距、制订绩效改进计划提供了依据。通过绩效反馈环节，管理者不仅要指出下属绩效不佳的表现，也应帮助下属找出造成绩效不佳的原因，如技术缺陷、积极性不足、沟通或沟通障碍等，继而针对问题采取措施，制订相应的绩效改进计划。只有这样，才能更有效地帮助员工提高自己的工作能力和素质，促进员工个人的发展和组织的发展。

总之，一个有效的绩效管理系统应该将员工的工作活动与组织的战略目标联系在一起，并为组织对员工做出的管理决策提供有效的信息，同时向员工提供及时、准确的绩效反馈，从而实现绩效管理的目的。

五、绩效管理的功能及重要作用

（一）绩效管理的功能

多伦多大学的一位学者风趣地把绩效管理比作汽车座位上的安全带——大家都认为很有必要，但都不喜欢去使用它。绩效管理的重要性主要体现在绩效管理的两大功能上。

1. 管理功能

管理是指一个组织中的成员在特定的组织内、外部环境的约束下，运用计划、组织、领导和控制等职能和活动，对组织所拥有的资源进行有效的整合和利用，协调他人的活动，使他人同自己一起实现组织的既定目标的活动过程。绩效管理通过评价、区分、反馈等展示其管理功能，具体体现在以下四个方面。

（1）激励功能

绩效管理可以充分肯定员工的绩效，使员工体验到成功与自豪，鼓励先进，鞭策落后，带动中间，从而对每个员工的工作行为进行有效的激励。

（2）控制功能

通过绩效管理，对组织中的每个员工的活动进行追踪，及时沟通和分析，反馈绩效管理信息，及时发现组织中存在的问题，找出症结所在，指出哪些部位、流程、程序、授权和协作关系需要改进与调整，从而为组织变革与发展提供依据。

（3）沟通功能

在绩效反馈阶段，管理者针对考核结果与员工沟通，听取员工的申诉和看法，并探讨解决问题的方法。这样就为上下级提供了一个良好的沟通平台，使上级和下级之间相互了解，并增进相互间的理解。

（4）规范功能

绩效考核标准为人力资源管理提供了一个客观而有效的标准和行为规范，并依据考核的结果进行晋升、奖惩、调配等，通过不断考核，按照标准进行奖惩与晋升，促进人力资源管理标准化。

2. 发展功能

绩效管理考核的结果，有助于发现员工的不足及待开发的潜能，为员工的培训和开发指明方向。一方面，组织可以根据考核结果确定正确的培训计划，达到提高全体员工素质的目标；另一方面，可以发现员工的特点，根据其特点决定培养方向和使用方法，充分发挥个人长处，将个人与组织的发展目标有效地结合起来，实现协同发展。

（二）绩效管理的重要作用

绩效管理的作用主要体现在绩效考核的结果在人力资源管理中的应用方面。例如，为人力资源规划、人员招聘与配置、培训与开发、薪酬设计与奖惩等提供依据，为工作分析与素质模型提供反馈意见，引导员工行为，营造企业文化。概括起来，绩效管理的作用主要体现在以下三个方面。

1. 绩效管理促进组织和个人绩效的提升

绩效管理能够节约管理者的时间，避免冲突，促进员工的发展。从绩效管理的流程来看，绩效管理通过设定科学合理的组织和个人绩效目标，为组织和个人指出了努力的方向。管理者通过绩效辅导实施及时发现下属工作中存在的问题，给下属提供必要的工作辅导和资源支持，下属通过工作态度和工作方法的改进，保证绩效目标的实现。

在绩效考核环节，对组织或个人的阶段工作进行客观公正的评价，明确组织和个人对企业的贡献，激励高绩效的组织和个人继续努力提升绩效，督促低绩效的组织和个人找出差距改善绩效。

在绩效反馈面谈阶段，通过考核者与被考核者面对面交流沟通，帮助被考核者分析工作中的长处和不足，鼓励下属扬长避短，对绩效水平较差的组织和个人，考核者应帮助被考核者制订绩效改善计划和实施计划。同时在绩效反馈阶段，考核者应与被考核者就下一阶段工作提出新的绩效目标，在企业正常运营的状况下，新的目标应超过前一阶段目标，激励组织和个人提升绩效。

2. 绩效管理促进管理和业务流程优化

企业管理涉及对人和事的管理，对人的管理主要是约束激励问题，对事的管理就是流程问题。所谓流程，就是一件事情或者一个业务如何运作，涉及因何而做、由谁来做、到哪去做、做完了交给谁的问题。上述四个方面都会对产出结果有很大的影响，极大地影响组织效率。在富于效率的绩效管理过程中，各级管理者都会从公司整体或本部门角度出发，尽量提高事情处理的效率，应在上述四个方面不断进行调整，使组织运行效率逐渐提高。这样，一方面提升了组织的绩效；另一方面逐步优化了管理和业务流程。

3. 绩效管理保证组织战略目标的实现

成熟的企业一般都有比较清晰的企业战略，已经制定出企业发展的远期及近期目标，并在此基础上根据企业外部经营环境的变化及企业内部条件制订出年度经营计划及投资计划，即企业年度经营目标。管理者将公司的年度经营目标向各个部门分解，其就成为部门的年度业绩目标；各个部门向每个岗位分解核心指标，其就成为每个岗位的关键绩效指标。当然，年度经营目标的制定过程中要有各级管理人员的参与，让各级管理人员及基层员工充分发表自己的看法和意见。这种做法一方面保证了公司目标可以层层向下分解，不会遇到太大的阻力；另一方面使目标的完成有了群众基础，只有大家认可，才能努力克服困难，最终促使组织目标的实现。

第二节 薪酬管理与规划

一、薪酬概述

薪酬是员工因向所在的组织提供劳务而获得的各种形式的酬劳。狭义的薪酬指货币和可以转化为货币的报酬。广义的薪酬除包括狭义的薪酬以外，还包括获得的各种非货币形式的满足。薪酬，由"薪"和"酬"组成。在现实的企业管理环境中，往往将二者融合在一起运用。

薪，指薪水，又称薪金、薪资。所有可以用现金、物质来衡量的个人回报都可以称为薪，也就是说，薪是可以数据化的，我们发给员工的工资、保险、实物福利、奖金、提成等都是薪。做工资、人工成本预算时我们预计的数额都是薪。

酬，报酬、报答、酬谢，是一种着眼于精神层面的酬劳。有不少的企业，给员工的工资不低，福利不错，员工却还对企业有诸多不满；而有些企业，给的工资并不高，工作量不小，员工很辛苦，但员工却很快乐，为什么呢？究其源，还是在付"酬"上出了问题。当企业没有精神、没有情感时，员工感觉没有梦想、没有前途、没有安全感，就只能跟企业谈钱，员工跟企业间变成单纯的交换关系，这样的单纯的"薪"给付关系是不会让员工产生归属感的。

那么薪与酬之间存在什么样的关系呢？薪和酬就像硬币的两面，必须同时存在，同时考虑。薪和酬，亦可以称之为经济性因素和非经济性因素。从某种意义上说，薪酬是组织对员工的贡献包括员工的态度、行为和业绩等所做出的各种回报。

从广义上讲，薪酬包括工资、奖金、休假等外部回报，也包括参与决策、承担更大的责任等内部回报。外部回报是指员工因为雇佣关系从自身以外所得到的各种形式的回报，也称外部薪酬。外部薪酬包括直接薪酬和间接薪酬。直接薪酬是员工薪酬的主体组成部分，包括员工的基本薪酬，即基本工资，如周薪、月薪、年薪等；也包括员工的激励薪酬，如绩效工资、红利和利润分成等。间接薪酬即福利，包括公司向员工提供的各种保险、非工作日工资、额外的津贴和其他服务，如单身公寓、免费工作餐等。

内部回报指员工自身心理上感受到的回报，主要体现为一些社会和心理方面的回报，一般包括参与企业决策、获得更大的工作空间或权限、更大的责任、更有趣的工作、个人成长的机会和活动的多样化等。内部回报往往看不见，也摸不着，不是简单的物质付出，对于企业来说，如果运用得当，也能对员工产生较大的激励作用。然而，在管理实践中，内部回报方式经常被管理者忽视。管理者应当认识到内部回报的重要性，并将其合理地利用。

二、薪酬管理的含义及基本目标

（一）薪酬管理的含义

薪酬管理，是在组织发展战略指导下，对员工薪酬支付原则、薪酬策略、薪酬水平、薪酬结构、薪酬构成，进行确定、分配和调整的动态管理过程。

在现代企业管理中，所谓薪酬管理，是指一个组织针对所有员工所提供的服务来确定他们应当得到的报酬总额及报酬结构和报酬形式的一个过程。在这个过程中，企业就薪酬水平、薪酬体系、薪酬结构、薪酬构成及特殊员工群体的薪酬做出决策。同时，作为一种持续的组织过程，企业还要持续不断地制订薪酬计划，拟定薪酬预算，就薪酬管理问题与员工进行沟通，同时对薪酬系统的有效性做出评价而后不断予以完善。

薪酬管理对几乎任何一个组织来说都是一个比较棘手的问题，主要是因为企业的薪酬管理系统一般要同时达到公平性、有效性和合法性三大目标。企业经营对薪酬管理的要求越来越高，但就薪酬管理来讲，受到的限制因素却也越来越多，除基本的企业经济承受能力、政府法律法规外，还涉及企业不同时期的战略、内部人才定位、外部人才市场及行业竞争者的薪酬策略等因素。

薪酬管理与人力资源管理中的其他工作相比，有一定的特殊性，具体表现在以下三个方面。

1. 敏感性

薪酬管理是人力资源管理中最敏感的部分，因为它牵扯到公司每一位员工的切身利益。特别是在人们的生存质量还不是很高的情况下，薪酬直接影响他们的生活水平。另外，薪酬是员工在公司工作能力和水平的直接体现，员工往往通过薪酬水平来衡量自己在公司中的地位。

2. 特权性

薪酬管理是员工参与最少的人力资源管理项目，几乎是公司老板一个人的特权。

3. 特殊性

由于敏感性和特权性，因此每个公司的薪酬管理差别很大。另外，由于薪酬管理本身就有很多不同的管理类型，如岗位工资型、技能工资型、资历工资型、绩效工资型等，因此不同公司之间的薪酬管理几乎没有参考性。

（二）薪酬管理的基本目标

薪酬要发挥应有的作用，薪酬管理应达到以下三个目标：效率、公平、合法。达到效率和公平目标，就能促使薪酬激励作用的实现，而合法性是薪酬的基本要求，因为合法是公司存在和发展的基础。

1. 效率目标

效率目标包括两个层面：从产出角度来看，薪酬能给组织绩效带来最大的价值；从投入角度来看，可以实现薪酬成本控制。薪酬效率目标的本质是用适当的薪酬成本给组织带来最大的价值。

2. 公平目标

公平目标包括三个层次，即分配公平、过程公平、机会公平。

（1）分配公平是指组织在进行人事决策及决定各种奖励措施时，应符合公平的要求。如果员工认为受到不公平对待，将会产生不满情绪。员工对于分配公平的认知，来自其对工作的投入与所得进行的主观比较，在这个过程中还会与过去的工作经验、同事、同行、朋友等进行对比。分配公平分为自我公平、内部公平、外部公平三个方面。自我公平，即员工获得的薪酬应与其付出成正比；内部公平，即同一企业中，不同职务的员工获得的薪酬应正比于其各自对企业做出的贡献；外部公平，即同一行业、同一地区或同等规模的不同企业中类似职务的薪酬应基本相同。

（2）过程公平是指在决定任何奖惩决策时，组织所依据的决策标准或方法符合公正性原则，程序公平一致，标准明确，过程公开，等等。

（3）机会公平指组织赋予所有员工同样的发展机会，包括组织在决策前与员工互相沟通，组织决策考虑员工的意见，主管考虑员工的立场，建立员工申诉机制等。

3. 合法目标

合法目标是企业薪酬管理的最基本前提，要求企业实施的薪酬制度符合国家、省区的法律法规、政策条例要求。比如，不能违反最低工资制度、法定保险福利、薪酬指导线制度等的要求规定。

三、薪酬管理的地位和作用

（一）薪酬管理的地位

薪酬管理在现代企业的人力资源管理中占有重要地位，合理的薪酬制度不仅能吸引外部人才，更能有效地激励内部员工，开发员工的潜力，使员工在企业的价值继续增值，使人才更加充分发挥其潜力。

1. 薪酬管理在人力资源规划中的地位

薪酬管理在人力资源规划过程中的地位主要体现在人力资源供求平衡方面，薪酬政策的变动是改变内部人力资源供给的重要手段，如果提高加班工资的额度，则可以促使员工增加加班时间，从而增加人力资源供给量，当然这需要对正常工作时间的工作严加控制。

2. 薪酬管理在招聘录用中的地位

薪酬管理对招聘录用工作有着重要的影响。薪酬是员工选择工作时考虑的重要因素之一，较高的薪酬水平有利于吸引应聘者，从而提高招聘效果。

3. 薪酬管理在绩效管理中的地位

薪酬管理与绩效管理之间是一种相互影响的关系。一方面，绩效管理是薪酬管理的基础之一，激励薪酬的实施需要对员工的绩效做出准确的评分；另一方面，针对员工的绩效表现及时给予不同的激励薪酬，也有助于增强激励的效果，确保绩效管理的约束性。

4. 薪酬管理在员工关系中的地位

在组织的劳动关系中，薪酬是最主要的问题之一，劳动争议也往往是由薪酬问题引起的。因此，有效的薪酬管理能够减少劳动纠纷，建立和谐的劳动关系。此外，薪酬管理也有助于塑造良好的企业文化，维护稳定的劳动关系。

（二）薪酬管理的作用

1. 薪酬管理是"以人为本"管理理念的重要体现

薪酬是劳动者提供劳动的回报，是对劳动者各种劳动消耗额的补偿，因此薪酬水平既是对劳动者劳动力价值的肯定，也直接影响着劳动者的生活水平。所谓"以人为本"的管理理念就是要尊重人力资本所有者的需要，解除其后顾之忧，很难想象一个组织提倡"以人为本"，其薪酬制度却不能保证员工的基本生活水平。在我国物质生活水平日益提高的今天，管理者不仅要保证员工的基本生活，更要适应社会和个人的全方位发展，提供更全面的生活保障，建立起适应国民经济发展水平的薪酬制度。

2. 薪酬战略是组织的基本战略之一

一个组织有许多子战略，如市场战略、技术战略、人才战略等，其中的薪酬战略是人才战略的最重要组成部分，因而也是一个组织的基本战略之一。一个优秀的薪酬战略应对组织起到以下四个作用。

（1）吸引优秀的人才加盟。

（2）保留核心骨干员工。

（3）突出组织的重点业务与重点岗位。

（4）保证组织总体战略的实现。

3. 薪酬管理影响着组织的盈利能力

薪酬对劳动者来说是报酬，对于组织来说却意味着成本。虽然现代的人力资源管理理念不能简单地以成本角度来看待薪酬，但保持先进的劳动生产率，有效地控制人工成本，发挥既定薪酬的最大作用，无疑对于增加组织利润，增强组织盈利能力进而提高竞争力有直接作用。

4. 人工成本的合理配置

通过对员工薪酬结构化的管理，实现薪酬的高效使用，有效控制人工成本。

5. 杠杆激励作用

采用浮动薪酬和绩效薪酬，对绩效结果优良的员工进行有效激励。

6. 留住企业核心员工

在外部公平、内部公平、个人公平的原则下，实现对薪酬的合理规划，为留住企业核心员工提供坚实基础。

7. 吸引外部优秀人才

薪酬管理为在薪酬领域吸引外部优秀人才提供良好平台。

8. 改善经营绩效作用

好的员工和好的员工状态是任何企业经营战略成功的基石，也是企业达到优良经营绩效的基本保障。不谈薪酬，我们就无法谈及员工和员工的工作状态。薪酬对员工的工作行为、工作状态及工作业绩有直接的影响，不仅决定了企业可以招募到的员工的数量和质量，决定了企业中的人力资源存量，而且决定了现有员工受到激励的状况，影响到他们的工作效率、出勤率、对组织的归属感及组织承诺度，从而直接影响到企业的生产能力和生产效率。

9. 塑造企业文化作用

薪酬会对员工的工作行为和工作态度产生很强的引导作用。因此，合理的和富有激励性的薪酬制度会有助于企业塑造良好的企业文化，或者对已经存在的企业文化起到积极的强化作用。但是，如果企业的薪酬政策与企业文化或价值之间存在冲突，那么它对企业文化和企业的价值观会产生消极影响，甚至会导致原有的企业文化土崩瓦解。

10. 支持企业变革作用

经济全球化的趋势愈演愈烈，正所谓当今世界"唯一不变的是变化"。为了适应这种状况，企业一方面要重新设计战略、再造流程、重建组织结构；另一方面，要变革文化、建设团队、更好地满足客户的需求。总之是使企业变得更加灵活，对市场和客户的反应更加迅速。这一切都离不开薪酬，因为薪酬可以通过作用于员工个人、工作团队和企业整体来创造出与变革相适应的内部和外部氛围，从而有效地推动企业变革。

四、现代薪酬管理的发展趋势

随着市场竞争的加剧，企业越来越意识到富有竞争性的薪酬设计不可或缺。那么在现代企业薪酬管理中富有竞争性的薪酬设计有哪些新的发展趋势呢？对企业来说，薪酬是一把"双刃剑"，使用得当能够吸引、留住和激励人才，可以卓有成效地提高企业的实力和竞争力，而使用不当则会给企业带来危机。毫无疑问，建立全面的、科学的薪酬管理系统，对于企业在知识经济时代培育核心竞争能力和竞争优势，获得企业的可持续发展具有重要意义。

因此，不断调整和完善薪酬制度，是当前企业面临的一项紧迫任务。与传统薪酬管理相比较，现代薪酬管理出现了以下发展的新趋势。

（一）全面薪酬

薪酬不仅仅是指纯粹货币形式的报酬，还包括非货币形式的报酬，也就是在精神方面的激励，如优越的工作条件、良好的工作氛围、培训机会、晋升机会等，这些方面也应该很好地融入薪酬体系。公司给受聘者支付的薪酬应包括外在薪酬和内在薪酬，二者的组合，被称为"全面薪酬"。

外在薪酬，主要是指为受聘者提供的可量化的货币性价值。比如，基本工资、奖金等短期激励薪酬，股票期权等长期激励薪酬，退休金、医疗保险等货币性的福利，以及公司支付的其他各种货币性的开支，如住房津贴、俱乐部成员卡、公司配车等。

内在薪酬则是指那些给员工提供的不能以量化的货币形式表现的各种奖励价值。比如，对工作的满意度，为完成工作而提供的各种顺手的工具，培训的机会，提高个人名望的机会，吸引人的公司文化，相互配合的工作环境，以及公司对个人的表彰、谢意，等等。如何科学地把握全面薪酬的两个方面，使它们有机统一起来，是企业经营者经常面临的一个难题。一般来说，外在激励是可量化的，它们可以通过市场竞争来达到一个平均的水平，关键是企业要能适时地了解和掌握市场上本行业内各种岗位的各种薪酬方式的平均水平，否则，把握和控制自己公司的薪酬待遇水平就失去了依据。薪酬高了会增加企业成本，低了又不吸引人。内在的激励虽然是非货币化并难以量化的，但有一部分内容也反映在市场竞争之中，可以通过市场进行了解，如培训机会、公司名望等。还有一部分内容则完全要靠公司自身不断地培育和积累，如公司文化、工作环境、公司对个人的名誉表彰等。

（二）"以人为本"的薪酬管理方案

传统的、以等价交易为核心的雇员薪酬管理方案，正在被"以人为本"的人性化的、以对雇员的参与和潜能开发为目标的管理方案所替代。这种薪酬管理方案的实质是将薪酬管理作为企业管理和人力资源。

与传统管理机制相比，基于人本思想的薪酬管理方案鼓励员工参与和积极贡献，强调劳资之间的利润分享。其主要的实现措施包括以下几个方面。

（1）把雇员作为企业经营的合作者，建立雇员与企业同荣俱损的工资管理方案。

（2）改以工作量测定为基础的付酬机制为技能和业绩付酬机制。

（3）加大雇员薪酬方案中奖励和福利的比例，使之超出正常工资数额。

（4）使雇员的基础薪酬部分处于变动中，稳定收入比重缩小，不稳定收入比重加大。雇员工资的浮动部分视雇员对企业效益贡献而定。

（5）改变传统的工作时间计量和管理方法，以雇员自报的工作时间和工作量为报酬测量的依据，体现一种信任感等。

（三）宽带型薪酬结构

宽带型薪酬结构是对传统上那种带有大量等级层次的垂直型薪酬结构的一种改进或替代。它是指对多个薪酬等级及薪酬变动范围进行重新组合，从而变成只有相对较少的薪酬等级及相应的较宽的薪酬变动范围。

1.薪酬等级的宽波段化主要特征

（1）加大专业人员、管理人员和领导者的工资线差距，即减少公司薪酬等级。传统的薪酬体系的等级一般都有10个甚至20个薪酬等级，而宽带薪酬体系设计一般只有5个或者7个薪酬等级。特别是现在比较流行的，也是我们在为广大企业客户提供薪酬咨询中广泛采用的宽带薪酬等级，设计为五等，即a、b、c、d和e五等。

（2）工资标准在某一工资类别的不同等级中差距比较大，特别是专业技术人员的工资等级间的差距更大，一般最高档与最低档相差一倍以上，即薪距（薪资全距）范围增大和薪级（调薪幅度）增多，让每个员工都有广泛的提薪空间。

（3）职务和工资等级主要取决于本人的专业水平，随技能水平上升。

2. 宽带薪酬与传统薪酬结构设计相比的优点

（1）减少了工作之间的等级差别，打破了传统薪酬结构所维护和强化的等级制，从而有利于企业提高效率及创造学习型的企业文化，同时有助于企业保持自身组织结构的灵活性和有效地适应外部环境的能力。

（2）有利于增强雇员的创造性和全面发展，抑制一些雇员仅为获取高一等级的工资而努力工作的倾向，引导员工将注意力从职位晋升或薪酬等级的晋升转移到个人发展和能力的提高上。在宽带型薪酬结构中，一个薪酬宽带所提供的薪酬变动范围是相当大的，这样员工就不需要为了薪酬的增长而不遗余力地"往上爬"，可以将更多的精力投入于自身的技术和能力的提高。

（3）有利于推动良好的工作绩效。宽带型薪酬结构尽管存在着对员工的晋升激励有所下降的问题，但是它却能通过将薪酬与员工的能力和绩效表现紧密结合来更为灵活地对员工进行激励，使得上级对有稳定突出业绩表现的下级员工有较大的加薪影响力，从而给予绩效优秀者以较大的薪酬上升空间。

（4）有利于职位轮换，培育组织的跨职能成长和开发。在传统的等级薪酬结构中，员工的薪酬水平是与其所担任的职位严格挂钩的。同一职位级别的变动并不能带来薪酬水平上的变化，且这种变动使得员工不得不学习新的东西，从而造成工作的难度增加，员工在很大程度上不愿意接受职位的同级轮换。而在宽带薪酬下，由于薪酬的高低是由能力决定的而不是由职位决定的，因此员工乐意通过相关职能领域的职务轮换来提升自己的能力，以此获得更大的回报。

（5）尤其适用于一些非专业化的、无明显专业区域的工作岗位和组织，这些工作很难运用传统的工作评价和劳动测量计算雇员的工资量。宽带薪酬结构则比较灵活，只是划分一个工资范围，具体工资收入根据雇员的业绩情况弹性处理。

（四）薪酬设计的差异化

薪酬设计的差异化，首先是薪酬构成的差异化，过去计划经济时代的单一的薪酬构成已经不再适应现代企业的需要，取而代之的是多元化、多层次、灵活的薪酬构成。其次是专门人员薪酬设计专门化。例如，营销人员在公司里作用巨大，专业人员的排他性比较强，临时工身份特殊，在设计这些人员的薪酬时不应该采取和其他部门人员相同的薪酬体系。咨询公司在为企业设计薪酬体系的过程中，除设计统一的薪酬体系外，一般还要制定以下特定的薪酬制度：销售人员薪酬制度（包括销售人员提成办法）、技术人员薪酬制度、经理人员（包括高层管理者）薪酬制度（一般对于企业的职业经理人和知识型员工都要求实施年薪制度）等。特别是以公司制为代表的企业，通常由董事会领导下的经理阶层负责企业经营，这可以使投资者的资本与经营者的才干融为一体，有可能使各种生产要素实现高效运行，并最大限度地产生经济效益。但是，公司制企业特别是股份公司也有自己的弱点：它采取所有者与经营者相分离的非所有权换位的产权重组。在企业运行模式中，所有者的目标是企业利润最大化，而经营者的目标是个人经营才干的效用最大化，二者的目标有差别。所有者承担的风险是资本亏损，而经营者承担的风险只是职位丧失和收益减少，二者的责任不对称。所有者无法精确衡量经营者工作的努力程度，以及这种努力可能带来的最大利润。为了避免由此造成的企业效率损失，必须建立经营者的激励机制和约束机制，其中一项重要方法，是通过改进经营者的年薪制，激励和约束经营者的行为。

此外，在一些指标的制定过程中，也应当差异化，尽量避免"一刀切"的做法。例如，职务评价、绩效考评系统，不同职位级和不同性质岗位的考评应该分别制定标准。

（五）薪酬与绩效挂钩

单纯的高薪并不能起到激励作用，这是每一本薪酬设计方面的教科书和资料反复强调的观点，只有与绩效紧密结合的薪酬才能够充分调动员工的积极性。而从薪酬结构上看，绩效工资的出现丰富了薪酬的内涵。

增加薪酬中的激励成分，常用的方法有以下五种。

（1）加大绩效工资（奖金）和福利的比例。

（2）加大涨幅工资（浮动工资）的比例。

（3）灵活的弹性工时制度。

（4）把员工作为企业经营的合作者。

（5）以技能和绩效作为计酬的基础而不是工作量。

（六）薪酬的细化

薪酬的细化首先是薪酬构成的细化，其次是专门人员薪酬设计专门化。此外，在一些指标的制定过程中，也应当细化，尽量避免"一刀切"的做法。

（七）薪酬制度的透明化

关于薪酬的支付方式到底应该公开还是透明的问题一直存在比较大的争

议。从最近的资料来看，支持透明化的呼声越来越高，因为保密的薪酬制度使薪酬应有的激励作用大打折扣。而且，实行保密薪酬制的企业经常出现这样的现象：强烈的好奇心理使得员工通过各种渠道打听同事的工资额，使得刚制定的保密薪酬很快就变得透明，即使制定严格的保密制度也很难避免这种现象出现。既然保密薪酬起不到保密作用，就不如直接使用透明薪酬。

实行薪酬透明化，实际上是向员工传达这样一个信息：公司的薪酬制度，没有必要隐瞒，薪酬高的人有其高的道理，低的人也自有其不足之处；欢迎所有员工监督其公正性，如果对自己的薪酬有不满意之处，可以提出意见或者申诉。透明化实际是建立在公平、公正和公开的基础上的，具体包括以下几个做法。

（1）让员工参与薪酬制度的制定。在制定薪酬制度时，除各部门领导外，还应该有一定数量的员工代表。

（2）职务评价时，尽量采用简单的方法，使之容易理解。

（3）发布文件，详细向员工说明工资的制定过程。

（4）评定后制定的工资制度，描述务必详细，尽可能不让员工产生误解。

（5）设立一个员工信箱，随时解答员工在薪酬方面的疑问，处理员工投诉。

（八）有弹性、可选择的福利制度

公司在福利方面的投入在总的成本里所占的比例是比较高的，但这一部分的支出往往被员工忽视，认为不如货币形式的薪酬实在，有一种吃力不讨好的感觉。员工在福利方面的偏好也是因人而异，非常个性化的。解决这一问题，目前最常用的方法是采用选择性福利，即让员工在规定的范围内选择自己喜欢的福利组合。

（九）薪酬信息日益得到重视

外部信息主要是指相同地区、相似行业、相似性质、相似规模的企业的薪酬水平、薪酬结构、薪酬价值取向等。外部信息主要是通过薪酬调查获得的，能够使企业在制定和调整薪酬方案时，有可以参考的资料。

内部信息主要是指员工满意度调查和员工合理化建议。满意度调查的功能并不一定在于了解有多少员工对薪酬是满意的，而是了解员工对薪酬管理的建议及不满的具体方面，进而为制定新的薪酬制度打下基础。

第七章　人力资源培训与开发

第一节　人力资本投资与开发

一、人力资本概述

（一）人力资本的含义与特征

在经济学家眼中，有两类资本，一是物质资本（physical capital），二是人力资本（human capital）。所谓人力资本，就是对人力进行投资（包括教育、在职培训等）后形成的资本。

美国经济学家舒尔茨（Schultz）认为，人力资本是指个人后天获得的知识、技能、能力和健康的总称，即先天形成的能力或者特质并不算进人力资本里面；人力资本也不仅仅是靠投资形成的，也可以通过消费形成。

美国著名的劳动经济学家明瑟尔（Mincer）认为，人力资本是指体现在劳动者身上的、以劳动者的数量和质量表示的非物质资本，尤其是劳动者的质量或者说劳动者的素质问题。劳动力的素质又包括身体素质和智力素质两个方面。身体素质是人的生物属性，劳动者的身体素质包括劳动者的身体发育和健康状况及劳动者智力机能的完好状况等。智力素质是人的社会属性，劳动者的智力素质一般包括劳动者掌握的文化知识、科学技术、生产经验和劳动技能等方面的内容。

（二）人力资本的特征

1. 持续性

与物质资本相对，人力资本作为靠后天投资而形成并积累的具有异质性的高素质结构的劳动能力，需要时间和相关费用的持续性投入。

2. 不可分离性

人力资本是凝结在投资者自身的一种资本，和投资者具有不可分离性和遗传性，是寄存于人体之中的一种能带来经济收入的生产能力。

3. 外在性

对社会而言，人力资本所有者的社会贡献在个人利益上的体现具有不充分性，给予社会的大于个人所得的。

二、人力资本形成的主要途径

（一）教育

教育是人力资本投资的重要组成部分，包括儿童早期教育、正规学校教育（小学、中学和大学）和非正规教育。其中，非正规教育以其他形式开展教学，如广播、函授、电视教学、职业技术培训等。这些教育提高了人的智力、知识、能力和技术水平，是对人力资本形成的教育投资。

教育投资可分为宏观教育投资和微观教育投资。宏观教育投资是一个国家的政府和其他部门、团体、组织花费在国民教育上的投资，包括校舍建设、设备购置、教员工资、图书资料等。

微观教育投资是指家庭或个人花费在子女或本人身上的学校教育、职业培训上的投资，包括家庭支付的子女学费、支付给家教的工资、为子女购置图书及各类智力开发用品所支付的费用、成人为增加自身的知识存量或更新知识花费的各种费用。

（二）在职培训

在职培训是对员工进行的短期"教育"。经过培训，员工增强了工作能力，提高了劳动生产率，能赚取更多的收入，因而属于人力资本投资。

在职培训分为两类：一般培训和特殊培训。一般培训是指培训获得的技能既适用本企业，又适用其他企业。随着受训员工的流动，本企业将蒙受投资损失，其他企业则获得经济好处，这样企业会减少投资。解决这个问题的方法是受训员工承担培训成本，他们将在未来更高的收入中获益。特殊培训是指员工获得的知识和技能仅适用于本企业，员工流动到其他企业时这种能力随之消失。由于这类员工到其他企业不会获得预期的好处，故流动性会大大降低。本企业从生产率上升中获益，愿意承担培训成本。

（三）健康设施和服务

健康设施和服务类的人力资本包括所有影响人均预期寿命和人体体力、精力、耐久力及活力的支出。健康既是个人的基本生活需要，又可以带来更多的经济收入，这种投资形成健康资本存量。良好的饮食和居住条件、医疗服务增强了员工的体力和精力，从而提高了生产能力，直接产生经济利益；健康的人可以延长预期工作年限，从而间接增加了收入。

（四）劳动力的流动

1. 劳动力在国内流动

劳动力在国内的自由流动，有助于解决国内劳动力的余缺调剂和发挥专长作用。用于劳动力国内流动的支出可以解决劳动力在不同地区的余缺调剂，并能做到学以致用、用为所长，最大限度地发挥人力资本的潜力，这无疑也可视为一种对人力的投资。

2. 移民入境

移民是人力在国际的流动，移民入境是使国外的人力迁徙到本国。对一国而言，这是人力资本的增加，从人力投资的角度来看，在经济上是合算的。用于移民入境的支出是一种对人力的投资，是一国人力资本形成的又一条途径。

三、人力资本投资概述

西奥多·舒尔茨所论述的人力资本投资的概念包括以下内容：一是人力资本存在于人的身体之内，表现为人的健康、体力、知识、技能、经验和其他精神等；二是从经济发展的角度看，人力资本特别是企业家型的人力资本是稀缺的；三是人力资本是通过投资于教育、健康等形成的资本，这种投资支出是生产性的；四是人力资本像其他一切资本一样应当得到回报，人的经济价值的提高是一种趋势；五是人力资本对一国经济发展的作用越来越大。

人力资本投资的特征有以下几点。

（一）投资收益的长期性和滞后性

对人力资源最初的投资是要经过较长时间才能得到效益，比如，在小学期间的教育投资可能要在一二十年后才能体现出来。这就是人力资本投资收益的滞后性。但是人力资本在见效后，就能体现出受益的长期性，因为人力资本能够长期使用。

（二）人力资本投资具有倍增效应

人力资源投资能够促进人力资源载体的知识和技能的增长，提高人力资源素质，增加人力资本存量。舒尔茨通过对美国 1900—1957 年物质资源的投资收益和人力资源的投资收益进行详细调查和计算发现，在这段时间人力资源的投资收益率是物质资源投资收益率的 5 倍。人力资本在经济增长中具有关键性的作用。因此，和物质资源相比，对人力资源的投资具有更高的效益。

（三）人力资本投资收益具有递增效应

物质资本投资具有收益递减规律，但对人力资源的投资却具有收益的递增效应，即在人力资源上投资的越多，经过一段特殊的时期后所获得的边际收益也将越多，这将克服其他生产要素的边际收益递减，从而保证经济的长期增长。

（四）人力资本投资收益具有多样性

对人力资本投资所产生的收益是多样的，不仅能产生巨大的经济效益，也能带来巨大的社会效益。对人力资源投资，能够增长人力资源载体的知识和技能，增强劳动者体质，优化人力资源的配置，对促进经济的发展和人类社会的进步都具有重要作用。

四、人力资本投资的风险与防范

（一）人力资本投资存在的风险

1. 人才流失风险

人才流失风险是企业面临的最大投资风险，尤其是目前国内的劳动力市场机制和个人信用机制不完善，人才流失的现象就更加突出。许多员工将在原企业所获得的技术、信息、经验直接带到新企业或自己组建的企业，形成企业的人才流失风险，甚至为竞争对手培养人才或直接培养了未来的竞争者。

2. 人职匹配风险

人力资源管理的一项重要职能就是将合适的人安排到合适的岗位上，这体现了人与岗位匹配的重要性。每个岗位都有其特定的工作内容，这些工作的职责、环境、繁重程度、复杂程度等所要求的人的素质，包括思想道德水平、知识、经验、技能等也是特定的。有一些工作岗位如财务部门对员工的思想道德素质要求很高，而另一些工作岗位如研究部门对专业工作能力的要求较高，所以说特定的岗位有特定的要求。企业一旦出现人职不匹配的现象，则意味着企业在招聘、工资、培训、社保、福利等方面的投资都会宣告失败。

3. 激励政策风险

企业的奖惩制度是每一个员工十分关心的问题，也是企业激励员工的主要依据，它是体现企业对每一位员工公平与否的主要指标。人力资本具有很强的能动性，美国哈佛大学管理学院詹姆斯教授对人力资本的能动性曾做过专题研究，结果表明：假如没有激励，一个人的能力只不过发挥 20 %~30 %；

假如得到激励，一个人的能力则可以发挥到 80 %~90 %。假如激励制度不科学，会使人力资本的能动性、创造性不能充分调动起来。

4. 人事变动风险

第一，员工选拔提升或辞退风险，即一些员工在原有工作岗位因为工作业绩突出而得到提升，然而提升后所做的工作与原工作会有较大差异，可能导致无法完成新的工作任务。当这种情况出现时，被提升的员工的积极性会受到打击，从而企业在原工作岗位上失去了一名很好的员工，同时在高级的工作岗位上造成了较大的机会成本。

第二，员工降级辞退风险，企业领导层在做出降级与辞退的决策时，若做出错误决定，会给企业带来很大损失。比如，一些有经验的员工被辞退，而一些新的员工没有经验，造成工作不能顺利进行。

（二）人力资本投资的风险防范措施

面对人力资本投资的风险，企业应积极地面对，采取有效的防范措施，通过提高预测能力，改善自身的投资规划、投资决策、管理机制等方法，降低人力资本投资的风险。具体措施有以下几个方面。

1. 做好投资规划和可行性分析，保证投资收益率

人力资本投资是一项长期、持续的投资行为，在投资过程中会面临宏观环境、技术、市场和人员等多种因素的变化，因此需要对企业的内外部环境进行分析，结合企业战略进行中长期投资规划。对外，要分析市场环境、竞争格局、行业走势、技术发展、宏观政策；对内，要分析人员的年龄、知识结构，做好人力资源规划。在执行过程中，还要及时对投资效果进行有效性评估，以便调整投资计划和投资项目。

2. 做好甄选和录用工作

做好甄选和录用工作是减少人职匹配风险的重要措施。首先，要进行详细的工作分析，明确各职位的责、权、利、工作标准和工作要求；其次，要选择合适的招聘渠道，搜寻合适的人才；再次，要利用科学的测评工具和方法，考察求职人员是否具备与任职资格要求相符合的能力和条件；最后，要加强工作指导和培训，尽快让任职者熟悉环境，进入工作状态；另外，要加强动态考核，一旦出现人职不匹配现象，要及时分析原因，找出解决办法，减少损失。

3. 完善激励机制

为了使在职人员充分发挥出工作的主动性和创造性，企业应加大激励力度，采取有效手段来激发员工。从物质激励来说，企业应针对不同人员的不

同贡献和需求，注重内部一致性和外部竞争性，制定合理的薪酬福利和激励方式；从精神激励来说，企业可利用荣誉激励、信任激励、关怀激励和愿景激励（主要是职业生涯规划）等方法，营造出团结协作、争优创先的工作氛围。

4.建立规范的约束机制

企业应建立规范的约束机制，从完善劳动合同管理、培训合同管理、竞业保密合同、健全劳动人事规章制度、建立监督约束机制等方面入手，利用完善的制度性约束来减少人员流失和职业道德风险。

5.树立良好的企业文化

企业文化具有凝聚士气、统一目标、规范行为等作用，对员工进行制度约束和法律约束将带来较高的管理成本，而通过企业文化将员工的观点从"要我做"变为"我要做"则会大大地提高管理效果，降低管理成本。现代企业一般是跨行政地区，甚至是跨国界进行经营和管理，在我国信用体系不完善的情况下，更需要构建统一的企业文化，使各地区的员工拥有一致的核心价值观、工作目标和行为模式，以提高企业的整体形象和竞争能力。

第二节 员工的培训与开发

一、员工培训概述

（一）员工培训的含义

员工培训是组织进行人力资源开发管理的一项职能，培训就是给新员工或现有员工传授其完成未来工作或目前工作所必需的知识、技能及态度。组织通过培训来提高员工的工作技能与工作热情，以达成组织的经营目标。

总而言之，员工培训从组织方面看，就是要把员工知识、能力不足和员工态度不积极而产生的机会成本的浪费控制在最低限度；从员工个人方面看，通过培训可以提高自身的知识水平和工作能力，能够达到员工自我实现的目标。

（二）员工培训的特点

（1）培训的主要目的是提高员工的绩效和实现组织的目标。当一个组织提出一项培训计划的时候，必须准确地分析培训成本和收益，考察它对组织目标实现的价值。

（2）员工培训的直接任务是提高员工的知识、技能，改进员工的工作态度和行为，即体现在育道德、树观念、传知识和培能力四个主要方面，其中前两者是软性的、间接的，后两者是硬性的、直接的，是员工培训的重点。

（3）员工培训是员工职业发展和实现自我价值的需要。现代人力资源管理理论认为，一个组织成员在为组织做出贡献的同时，也要尽力体现自身价值，不断地自我完善和发展。有效的员工培训活动不仅能够促进组织目标的实现，而且能够提高员工的职业能力，拓展他们的发展空间。

（4）员工培训是组织开展的有目的的、有计划的、有针对性的、有步骤的系统管理行为，必须确立特定的培训目标，提供特殊的资源条件，遵循科学的培训方法和步骤，进行专门的组织和管理。

（三）员工培训的意义

1. 提高员工的工作能力

有效的培训不只限于基本工作知识与技能，而且包括对组织的目标、战略与制度的理解及沟通技能、解决问题技能的提高。

2. 提高员工的满足感

经过有效的培训，员工的能力得到提高，对工作及自身信心得到了加强，同时也感受到管理层对他们的关心与重视，从而激发他们对工作的态度与热情；良好的工作绩效又增强了他们在物质和精神上的满足感，由此形成一个良性循环。

二、员工培训的形式

员工培训的形式多种多样。企业应该根据自身的发展状况、所处阶段的实际情况，选择合适的培训形式。按照不同的培训功能，可以将企业培训工作划分为不同的类型。

（一）按受训者岗位的不同划分

1. 岗前培训

岗前培训是指上岗前为了适应工作的需要而进行的各种训练活动，目的是提高从业人员的素质，使之走上工作岗位后能适应工作岗位的需要，从而促进企业的发展。

2. 在岗培训

在岗培训是对现职职工进行的以提高本岗位工作能力为主的不脱产的培训活动。企业中每个岗位都需要不断更新知识、提高技能（能力）。因此，对在职员工进行定期或不定期的培训是非常有必要的。在内容上比岗前培训更深一层次，主要是更新知识、掌握新技能的培训和提高绩效的培训。在岗培训是岗前培训的继续和发展，应贯穿于员工管理的全过程。

（二）按受训者工作性质的不同划分

1. 管理人员培训

管理人员管理水平的增长带来的劳动生产率的提高，比普通劳动者和固定资产投资带来的快得多。管理者在组织内基于经营战略、方针、计划，具有作为指挥者通过其作业现场的地位。管理者是以组织的经营战略方针、计划为基础实现其目的的。所以对组织来说，管理人员的培训更为重要。管理人员的培训主要有三个目标：第一个目标是掌握新的管理知识；第二个目标是训练担任领导职务所需要的一般技能，如做出决定、解决问题、分派任务等，以及其他一些管理能力；第三个目标是训练处理人与人之间关系的能力，使管理者与员工的关系融洽。培训方法有管理手段学习培训、研讨会培训、参加短期学习班等。

2. 专业技术人员培训

专业技术人员的培训属于继续教育，一般是进行知识更新和补缺的教育。专业技术人员的培训要有计划性，每隔几年都应该有进修机会。进入高等院校进修、参加各种对口的短期业务学习班、组织专题讲座或者报告、参加对外学术交流活动或者实地考察等都是提高技术人员业务水平的有效途径。

3. 基层员工培训

基层员工培训主要有岗位培训和岗位外培训。

岗位培训是指上级组织在岗位上直接对下属员工进行的教育训练。这种方法的目的是使下属员工掌握工作上所必要的能力，具有以岗位为舞台而进行的特点。其优点是可以在劳动时间内反复进行，可以在把握下属员工状况的情况下进行有针对性的指导，可以直接确认指导后的效果，员工能较好地理解。缺点是如果上级指导技术不足，则效果欠佳。

岗位外培训是指离开岗位而进行的教育训练。现代企业岗位外培训变得越来越重要。其优点是员工可以专心致志地参加学习；由外部教师指导，效率高，可以和组织外的人交流。缺点是员工需停止日常业务工作。

（三）按培训内容的不同划分

按培训内容的不同，可分为知识培训、技能培训和态度培训。

（四）按员工培训时间的不同划分

按员工培训时间的不同，可分为全脱产培训、半脱产培训和业余培训。

（五）按培训实施机构划分

按培训实施机构可分为企业内部培训和企业外部培训。

企业外部培训是指企业外包给社会培训或教育机构对企业员工进行的培训，包括由企业付费的学历教育。在实施外部培训的过程中，企业的培训管理部门要参与培训计划的设计，并与承办培训的社会机构保持密切的联系与配合。

三、培训效果的评估

培训效果评估指的是对培训结果好坏的测评。通过对培训对象、培训主体、培训对象的工作领导进行调查，分析经过培训后被培训者是否改正培训要改善的地方、工作是否得到了改良、自身是否得到了完善。

控制反馈实验是检验培训效果的正规方法，即组织一个专门的培训效果测量小组，对进行培训前后员工的能力进行测试，以了解培训的直接效果。

对培训效果的评价，通常有四类基本的要素。

一是反映。评价受训者对培训计划的反应如何，比如，他们对培训计划是否认可，他们是否感兴趣。二是知识。评价受训者是否按预期要求学到所学的知识、技能和能力。三是行为。受训者培训前后的行为是否发生变化。四是成效。受训者行为改变的结果如何，比如，顾客的投诉是否减少，废品率是否降低，人员流动是否减少，业绩是否提高，管理是否更加有序，等等。

为了保证培训的效果，还需对培训模式进行再设计。目前企业培训模式多倾向于联合办学，不再是单一的企业自办培训模式。联合办学就是企业与学校联合、学校与专门培训机构联合、企业与中介机构联合或混合联合方式。社会和政府也积极参与培训，如再就业工程等。这种联合办学的模式充分利用了学校、机构和政府的教育及资金等资源，发挥了良好的作用。

第三节 员工培训的方法

培训方法的选择要和培训内容紧密相关，不同的培训内容适用于不同的培训方法。不同培训方法有不同特点，在实际工作中，应依据公司的培训目的、培训内容及培训对象，选择适当的培训方法。

一、直接传授型培训法

直接传授型培训法适用于知识类培训，主要包括讲授法、专题讲座法和研讨法等。

（一）讲授法

讲授法是通过培训者的语言表达，系统地向受训者传授知识的一种最普遍的员工培训方法，是成本最低的培训方法之一。它是最基本的培训方法，适用于各类受训者对学科知识、前沿理论的系统了解。

讲授法的优点：传授内容多，知识比较系统、全面，有利于大面积培养人才；对培训环境要求不高；有利于培训者的发挥；受训者可利用教室环境相互沟通，也能够向培训者请教疑难问题；受训者平均培训费用较低。

讲授法的缺点：传授内容多，受训者难以完全消化、吸收；单向传授不利于教学双方互动；不能满足受训者的个性需求；培训者水平直接影响培训效果，容易导致理论与实践相脱节；传授方式较为枯燥单一。

（二）专题讲座法

专题讲座法形式上和课堂教学法基本相同，但在内容上有所差异。课堂教学一般是系统知识的传授，每节课涉及一个专题，接连多次授课；专题讲座针对某一个专题知识，一般只安排一次培训。这种培训方法适合于管理人员或技术人员了解专业技术发展方向或当前热点问题等。

专题讲座法的优点：培训不占用大量的时间，形式比较灵活；可随时满足员工某一方面的培训需求；讲授内容集中于某一专题，受训者易于加深理解。

专题讲座法的缺点：讲座中传授的知识相对集中，内容可能不具备较好的系统性。

（三）研讨法

研讨法是指在培训者引导下，受训者围绕某一个或几个主题进行交流，相互启发的培训方法。

1. 研讨法的类型

（1）以培训者或受训者为中心的研讨。以培训者为中心的研讨从头至尾由培训者组织，培训者提出问题，引导受训者做出回答。培训者起着活跃气氛，使讨论不断深入的作用。讨论的问题除主题本身外，有时也包括由受训者的回答引出的问题。讨论也可以由培训者先指定阅读材料，然后围绕材料提出问题，并要求受训者回答。研讨结束后，由培训者进行总结。以受训者为中心的研讨常常采用分组讨论的形式。其有两种方法：一是由培训者提出问题或任务，受训者独立提出解决办法；二是不规定研讨的任务，受训者就某议题进行自由讨论，相互启发。

（2）以任务或过程为取向的研讨。以任务为取向的研讨着眼于达到某个目标，这个目标是事先确定的，即通过讨论弄清某一个或几个问题，或者得出某个结论，组织这样的研讨需要设计能够引起讨论者兴趣、具有探索价值的题目。以过程为取向的研讨着眼于讨论过程中成员之间的相互影响，重点是相互启发，进行信息交换，并增进了解，加深感情。以任务—过程为取向的研讨既能得出某个结论，又能达到相互影响的目的，这需要对讨论进行精心的组织。例如：先分成小组讨论，小组内进行充分的交流，意见达成一致；然后小组推举一人在全体受训者的讨论会上发言。

2. 研讨法的优点

（1）多向式信息交流。在讨论过程中，培训者与受训者间、受训者与受训者间相互交流、启发和借鉴，及时反馈，有利于受训者取长补短、开阔思路，促进能力的提高。

（2）要求受训者积极参与，有利于培养受训者的综合能力。研讨法要求在调查准备的基础上就研讨内容提出自己的观点，找出解决办法，因而受训者必须独立思考，收集、查阅各种资料，分析问题，并用语言表达，同时还要能判断评价别人的观点并及时做出反应。

（3）加深受训者对知识的理解。通过对实际问题的研究、讨论，为受训者提供了运用所学知识的机会，加深了受训者对原理知识的理解，提高其运用能力，并激发进一步学习的动力。

（4）形式多样，适应性强，可针对不同的培训目的选择适当的方法。

3. 研讨法的缺点

对研讨题目、内容的准备要求较高，对培训者的要求较高。

此外，还应注意的是，选择研讨题目时应具有代表性、启发性，题目难度要适当，研讨题目应事先提供给受训者，以便做好研讨准备。

二、实践型培训法

实践型培训法简称实践法，主要适用于以掌握技能为目的的培训。

实践法是通过让受训者在实际工作岗位或真实的工作环境中亲身操作、体验，掌握工作所需的知识、技能的培训方法，在员工培训中应用最为普遍。这种方法将培训内容和实际工作直接相结合，具有很强的实用性，是员工培训的有效手段，适用于从事具体岗位所应具备的能力、技能和管理实务类的培训。

实践法有很多优点：经济，受训者边干边学，一般无需特别准备教室及其他培训设施；实用、有效，受训者通过实干来学习，使培训的内容与受训者将要从事的工作紧密结合，而且受训者在实践的过程中能迅速得到关于他们工作行为的反馈和评价。

实践法的常用方式有以下几种。

（一）工作指导法

工作指导法又称教练法、实习法，是指由一位有经验的工人或直接主管人员在工作岗位上对受训者进行培训的方法。培训者的任务是教受训者如何做，提出如何做好的建议，并对受训者进行激励。也就是通过工作现场的实地演练，帮助受训者迅速掌握相关的工作技能。培训者通常采用口授、示范、练习、反馈的方式教导受训者。

工作指导法的优点是应用广泛，可用于基层生产工人的培训，如让受训者通过观察有经验的员工的工作和实际操作，掌握机械操作的技能；也可用于各级管理人员的培训，让受训者与现任管理人员一起工作，后者负责对受训者进行指导，一旦现任管理人员因退休、提升、调动等原因离开岗位时，训练有素的受训者便可立即顶替，如设立助理职务培养和开发企业未来的高层管理人员。

（二）工作轮换法

工作轮换法是指让受训者在预订时期内变换工作岗位，使其获得不同岗位工作经验的培训方法。下面以管理岗位的工作轮换培训为例对之加以说明。例如：可以让受训者有计划地到各个部门（如生产、销售、财务等部门）学习，在每个部门工作几个月；实际参与所在部门的工作，或仅仅作为观察者了解所在部门的业务，扩大受训者对整个企业各环节工作的了解。

1.工作轮换法的优点

能丰富受训者的工作经验，增加对企业工作的了解；使受训者明确自己的长处和弱点，找到适合自己的位置；改善部门间的合作，使管理者能更好地了解部门间的情况。

2.工作轮换法的缺点

工作轮换法鼓励"通才化"，适合于一般直线管理人员的培训，不适用于职能管理人员的培训。

（三）特别任务法

特别任务法是指企业通过为某些员工分派特别任务对其进行培训的方法。此法常用于管理培训。其具体形式有两种。

1. 委员会或初级董事会

这是为有发展前途的中层管理人员提供的，培养分析全公司范围问题的能力，提高决策能力的培训方法。一般"初级董事会"由 10~12 名受训者组成，受训者来自各个部门，对组织结构、经营管理人员的报酬、部门间的冲突等提出建议，并将这些建议提交给正式的董事会，通过这种方法为这些管理人员提供分析公司高层次问题的机会。

2. 行动学习

这是让受训者将全部时间用于分析、解决其他部门而非本部门问题的一种课题研究法。由 4~5 名受训者组成一个小组，定期开会，就研究进展和结果进行讨论。这种方法为受训者提供了解决实际问题的真实经验，可提高他们分析、解决问题及制订计划的能力。

（四）个别指导法

个别指导法和我国以前的"师傅带徒弟"或"学徒工制度"相类似。目前我国仍有很多企业在实行这种"传帮带"式培训方法，主要由资历较深的员工做指导，使受训者能够迅速掌握岗位技能。

1. 个别指导法的优点

受训者在培训者指导下开始工作，可以避免盲目摸索，有利于受训者尽快融入团队，可以消除刚从高校毕业的受训者开始工作时的紧张感，有利于企业传统优良工作作风的传递，受训者可从培训者处获取丰富的经验。

2. 个别指导法的缺点

（1）为防止受训者对自己构成威胁，培训者可能会有意保留自己的经验、技术，从而使指导浮于形式。

（2）培训者本身水平对受训者的学习效果有极大的影响。

（3）培训者不良的工作习惯会影响受训者。

（4）不利于受训者的工作创新。

三、参与型培训法

参与型培训法是调动培训对象积极性，让其在培训者与培训对象双方的互动中学习的方法。这类方法的主要特征是每个培训对象积极参与培训活动，从亲身参与中获得知识、技能，掌握正确的行为方式，开拓思维，转变观念。其主要形式有自学、案例分析法、头脑风暴法、模拟训练法、敏感性训练法和管理者训练法。

（一）自学

自学适用于知识、技能、观念、思维、心态等多方面的学习。自学既适用于岗前培训，又适用于在岗培训，而且新员工和老员工都可以通过自学掌握必备的知识和技能。自学法所需费用低，通常是在业余时间进行，又不影响工作，但是学习效果无法保证。

（二）案例分析法

案例分析法又称个案分析法，它是围绕一定的培训目的，把实际中真实的场景加以典型化处理，形成供受训者思考分析和决断的案例，通过独立研究和相互讨论的方式来提高受训者的分析及解决问题能力的一种培训方法。

用于教学的案例应满足以下三个要求：内容真实；案例中应包含一定的管理问题；分析案例必须有明确的目的。

案例分析可分为两种类型。第一种是描述评价型，即描述解决某种问题的全过程，包括其实际后果（不论成功或失败）。这样，留给受训者的分析任务只是对案例中的做法进行事后分析，以及提出"亡羊补牢"性的建议。第二种是分析决策型，即只介绍某一待解决的问题，由受训者去分析并提出对策。本方法更能有效地培养受训者分析决策、解决问题的能力。

（三）模拟训练法

模拟训练法以工作中的实际情况为基础，将实际工作中可利用的资源、约束条件和工作过程模型化，受训者在假定的工作情境中参与活动，学习从事特定工作的行为和技能，提高其处理问题的能力。其基本形式：由人和机器共同参与模拟活动，人与计算机共同参与模拟活动。

模拟训练法的优点：受训者在培训中工作技能将会获得提高，通过培训有利于加强员工的竞争意识，可以带动培训中的学习气氛。

模拟训练法的缺点：模拟情景准备时间长，而且质量要求高；对培训者要求高，要求其熟悉培训中的各项技能。

模拟训练法更侧重于对操作技能和反应能力的培训，它把受训者者置于模拟的现实工作环境中，让受训者反复操作，解决实际工作中可能出现的各种问题，为进入实际工作岗位打下基础。这种方法比较适用于对操作技能要求较高的员工的培训。

（四）敏感性训练法

敏感性训练法又称 T 小组法，简称 ST（Sensitivity Training）法。敏感性训练要求受训者在小组中就参加者的个人情感、态度及行为进行坦率、公正的讨论，相互交流对各自行为的看法，并说明其引起的情绪反应。它的目的是要提高受训者对自己的行为和他人行为的洞察力，了解自己在他人心目中的"形象"，感受与周围人群的相互关系和相互作用，学习与他人沟通的方式，发展在各种情况下的应变能力，在群体活动中采取建设性行为。

敏感性训练法适用于组织发展训练、晋升前的人际关系训练、中青年管理人员的人格塑造训练、新进人员的集体组织训练、外派工作人员的异国文化训练等。

敏感性训练法常采用集体住宿训练、小组讨论、个别交流等活动方式。具体训练日程由培训者安排，内容可包括问题讨论、案例研究等。讨论中，每个受训者充分表露自己的态度和行为，并从小组成员那里获得对自己行为的真实反馈，承受以他人的方式给自己提出的意见，同时了解自己的行为怎样才能影响他人，从而改善自己的态度和行为。

四、态度型培训法

态度型培训法主要针对行为调整和心理训练，具体包括角色扮演法和拓展训练等。

（一）角色扮演法

角色扮演法是在一个模拟真实的工作情境中，让受训者身处模拟的日常工作环境之中，并按照他在实际工作中应有的权责来担当与实际工作类似的角色，模拟性地处理工作事务，从而提高处理各种问题的能力。

1. 角色扮演法的优点

（1）受训者参与性强，受训者与培训者之间的互动交流充分，可以提高受训者培训的积极性。

（2）角色扮演中特定的模拟环境和主题有利于增强培训效果。

（3）在角色扮演过程中，受训者之间需要进行交流、沟通与配合，增加彼此之间的感情交流，培养他们的沟通、自我表达、相互认知等社会交往能力。

（4）在角色扮演过程中，受训者可以互相学习，及时认识到自身存在的问题并进行改正，找出本身的不足，使各方面能力得到提高。

（5）提高了受训者业务能力，加强了其反应能力和心理素质。

（6）具有高度的灵活性，培训者可以根据培训的需要改变受训者的角色，调整培训内容；同时，角色扮演对培训时间没有任何特定的限制，可视要求决定培训时间的长短。

2. 角色扮演法的缺点

（1）场景是人为设计的，如果培训者没有精湛的设计能力，设计出来的场景可能会过于简单，使受训者得不到真正的角色锻炼、能力提高的机会。

（2）实际工作环境复杂多变，而模拟环境却是静态、不变的。

（3）扮演中的问题分析限于个人，不具有普遍性。

（4）有时受训者由于自身原因，参与意识不强，角色表现漫不经心，影响培训效果。

综上所述，角色扮演法是一种难度很高的培训方法，要想达到理想的培训和测评效果就必须进行严格的情景模拟设计；同时，要保证角色扮演全过程的有效控制，随时纠正可能产生的问题。

（二）拓展训练

拓展训练是指通过模拟探险活动进行的情景式心理训练、人格训练、管理训练。它以外化型体能训练为主，受训者被置于各种艰难的情境中，在面对挑战、克服困难和解决问题的过程中，使人的心理素质得到改善。拓展训练包括场地拓展训练和野外拓展训练两种形式。

1. 场地拓展训练

场地拓展训练是指需要利用人工设施（固定基地）的训练活动，包括高空断桥、空中单杠、缅甸桥等高空项目，扎筏泅渡、合力过河等水上项目，等等。

场地拓展的特点如下：一是有限的空间，无限的可能。例如：训练场地的几根绳索，却是能否生存的关键；几块木板，成了通往成功的桥梁。二是有形的游戏，锻炼的是无形的思维。在培训者的引导下，利用简单的道具，整个团队进入模拟真实的训练状态，团队和个人的优点得以凸显，问题也不同程度地暴露出来，在反复的交流回顾中，也许会找到某些想要的答案，也许为今后问题的解决提供了思路。三是简便，容易实施。场地拓展训练可以在会议厅里进行，也可以在室外的操场上进行，因此它既可以作为一次单独的完整团队培训项目来开展，又能很好地与会议、酒会、其他培训相结合，使团队从以下几个方面得到收益和改善。首先，变革与学习，项目中将会设置和日常环境中不同的困难，迫使团队以新的思维解决问题，建立新的学习和决策模式；其次，沟通与默契，有意识地设置沟通障碍，建立团队新的沟通渠道，培养团队默契感；再次，心态和士气，变换环境，调整团队状态，通过新的因素的刺激来提升团队士气；最后，建立共同愿景，在微缩的企业团队实验室中检验和明确团队的努力方向，从而在大的环境中把握正确的方向。

场地拓展训练可以促进团队内部和谐，提高沟通的效率，提升员工的积极性，对形成从形式到内涵真正为大家认同的企业文化起着明显的作用，也能作为企业业务培训的补充。

2. 野外拓展训练

野外拓展训练是指在自然地域通过模拟探险活动进行的情景体验式心理训练。它起源于第二次世界大战中的海员学校，英文是 outward bound，意思是一艘小船离开安全的港湾，勇敢地驶向探险的旅程，去接受一个个挑战，战胜一个个困难。它旨在训练海员的意志和生存能力，后被应用于管理训练和心理训练等领域，用于提高人的自信心，培养把握机遇、抵御风险、积极进取和团队精神等素质，以提高个体的环境适应与发展能力，提高组织的环境适应与发展能力。

野外拓展训练的基本原理：通过野外探险活动中的情景设置，受训者体验所经历的各种情绪，从而了解自身（或团队）面临某一外界刺激时的心理反应及其后果，以实现提升受训者能力的培训目标。

野外拓展训练包括远足、登山、攀岩和漂流等项目。这些活动是受训者的一种媒介，使他们可以了解自身与同伴的力量、局限和潜力。

参考文献

[1] 李俊霏.浅谈人力资源开发与人力资源管理的关系 [J].中国科技投资,
    2018（6）：229.

[2] 王颖.企业集团成长与人力资源管理的关系研究 [J].中国商论,2017
    （15）：112-113.

[3] 孙业花.论新经济与人力资源管理的创新 [J].中国市场,2020（17）：182；
    190.

[4] 牛明慧.人力资源管理与公共部门人力资源管理关系探讨 [J].明日风尚,
    2017（4）：302.

[5] 张丽丽.激励理论与人力资源管理中员工的有效激励 [J].现代商业,2018
    （19）：57-58.

[6] 童蓉.论企业文化与人力资源管理体系 [J].现代经济信息,2017（3）：128.

[7] 李晓玲.浅谈人事管理与人力资源管理 [J].数字化用户,2017（44）：193.

[8] 袁勇.浅析企业文化与人力资源管理的关系 [J].人才资源开发,2017（22）：
    186-187.

[9] 寇天燕.企业政工与人力资源管理的融合探讨 [J].人力资源管理,2017
    （11）：136-137.

[10] 王意日格乐吐."互联网＋"与现代企业人力资源管理创新研究 [J].科技
     经济导刊,2017（3）：290.

[11] 刘堃.信息化背景下人力资源管理创新发展研究 [J].现代国企研究,2019
     （10）：105.

[12] 韩红梅.新时期事业单位人事管理向人力资源管理模式分析探讨 [J].现代
     经济信息,2019（11）：44.

[13] 肖樱丹,林艺,蒙园园.大数据在人力资源管理中的应用 [J].中国管理信
     息化,2019（19）：61-64.

[14] 张国伟.科学管理思想对现代人力资源管理的意义 [J].经济视野,2019
     （1）：154.

[15] 崔美燕. 现代人力资源管理中的团队建设研究 [J]. 消费导刊，2020（10）：164.

[16] 许珺，崔博文. 加强现代人力资源管理的对策研究 [J]. 信息周刊，2018（12）：140-141.

[17] 汤晓阳. 人力资源管理在现代企业管理中的重要性和解读 [J]. 赤子，2019（29）：178.

[18] 张丹. 薪酬激励在事业单位人力资源管理中的价值探析 [J]. 经济师，2018（5）：240；242.

[19] 屈强，沈博文，颜明. 浅谈现代人力资源管理与干部管理结合 [J]. 新商务周刊，2019（13）：102.

[20] 项红霞. 企业现代人力资源管理的创新策略 [J]. 中国高新区，2019（13）：221.

[21] 赵峰. 浅谈现代人力资源管理的战略性作用 [J]. 商业故事，2018（16）：135.

[22] 戴连凤. 试论现代人力资源管理中绩效考核体系的构建 [J]. 中国高新区，2018（23）：248.

[23] 李庆. 新经济时代企业人力资源战略管理 [J]. 人力资源管理，2018（4）：3.

[24] 李春华. 企业人力资源战略管理中存在的问题及对策分析 [J]. 人才资源开发，2020（6）：67-68.

[25] 王博婧. 人力资源战略提升企业竞争优势的理论分析 [J]. 新商务周刊，2017（18）：129.

[26] 钟爱华. 论人力资源战略规划对现代企业的意义 [J]. 现代国企研究，2017（6）：60.

[27] 王彩涛. 人力资源战略规划对现代企业的意义探索 [J]. 经贸实践，2019（6）：21.

[28] 周喜悦. 企业不同发展阶段的人力资源战略与策略 [J]. 中外企业家，2019（28）：103.

[29] 刘菁. 企业战略和人力资源战略的协调发展分析 [J]. 企业改革与管理，2017（2）：73.

[30] 白玫. 人力资源战略性管理中人力资源的定位 [J]. 中外企业家，2017（23）：151；153.

[31] 谢显美. 企业发展战略和人力资源战略的协同分析 [J]. 企业改革与管理，2017（14）：95.

[32] 邱斌 . 企业人力资源规划现状与制定对策措施 [J]. 现代经济信息，2018（7）：123.

[33] 王明印 . 浅谈基层事业单位人力资源规划与柔性管理 [J]. 人力资源管理，2018（3）：54-55.

[34] 李志华 . 基于企业战略的人力资源规划要点探析 [J]. 中国管理信息化，2018，21（2）：80-81.

[35] 黄晓慧 . 浅淡人员招聘与录用 [J]. 时代金融，2015（32）：231-232.

[36] 肖文胜 . 论企业员工招聘风险的防范 [J]. 改革与开放，2007（12）：44-45.

[37] 史枫烨 . 谈企业招聘与甄选的现状及有效对策 [J]. 辽宁师专学报（社会科学版），2017（2）：6-8.

[38] 胡俊 . 新常态下企业绩效和薪酬管理存在的问题及对策 [J]. 中国市场，2020（12）：95-96.

[39] 王洪瑞 . 国有企业绩效和薪酬管理问题分析及对策 [J]. 山东冶金，2019，41（1）：67-68；73.

[40] 单婷 . 基于企业发展战略探究绩效与薪酬管理创新路径 [J]. 商场现代化，2017（19）：101-102.

[41] 李茜倩 . 绩效管理与薪酬管理结合应用分析 [J]. 人力资源管理，2018（7）：556-557.

[42] 邵军 . 企业人力资源绩效和薪酬福利风险管理分析 [J]. 人力资源管理，2018（8）：203.

[43] 程琦 . 绩效考核管理与薪酬管理互动效应探究 [J]. 商情，2017（36）：83；85.

[44] 张丽 . 基于工作旺盛感理论的绩效与薪酬关系研究 [J]. 哈尔滨学院学报，2018，39（6）：31-35.

[45] 谭浩，马俊颖，白金泽 . 基于价值创造的绩效考核与薪酬管理研究 [J]. 航天工业管理，2019（5）：39-41.

[46] 孙静 . 企业人力资源培训与开发中存在的问题与对策探析 [J]. 人力资源管理，2018（3）：77-78.

[47] 王睿 . "互联网＋"背景下中小企业人力资源培训与开发的分析 [J]. 商场现代化，2018（2）：113-114.

[48] 过佳 . 事业单位人力资源培训与开发探讨 [J]. 管理学家，2020（1）：131-132.

[49] 程鑫潼 . 企业人力资源培训与开发的困境及路径探析 [J]. 现代企业文化，2019（2）：147.

[50] 张晓静. 事业单位人力资源培训与开发管理问题探讨 [J]. 大众投资指南, 2019 (18): 91.

[51] 李立静, 郭亚双. 知识经济与企业财务管理创新 [J]. 经贸实践, 2018 (10): 264.

[52] 夏中文. 我国企业财务管理信息化协同模式研究 [J]. 财会学习, 2018 (16): 15; 17.

[53] 朱燕. 新常态下企业财务管理创新动因、初始条件与策略研究 [J]. 当代经济, 2018 (7): 106-107.

[54] 王一婷. 基于企业财务管理环境的财务战略管理研究 [J]. 商情, 2017 (6): 183-184.

[55] 杨慧文. 关于企业筹资管理相关问题的探讨 [J]. 财经界, 2010 (6): 75-76.

[56] 李豫. 试论财务杠杆在企业筹资管理中的应用 [J]. 企业导报, 2015 (1): 24-25.

[57] 张力. 供应链上企业间收益分配机制的博弈分析 [J]. 武汉理工大学学报 (信息与管理工程版), 2014, 36 (4): 528-532.

[58] 申一飞. 企业利润分配管理理论探讨 [J]. 统计与管理, 2014 (6): 116-117.

[59] 淡瑞刚. 人力资源会计与企业财务管理要点 [J]. 环球市场信息导报, 2017 (30): 36.

[60] 李文超. 企业财务管理的地位及管理方法 [J]. 黑龙江科学, 2019 (7): 126-127.

[61] 严晓平. 人力资源管理与企业核心竞争力的提升研究 [J]. 科技与企业, 2016 (4): 70.

[62] 姚颖. 基于人力资源管理与企业核心竞争力的关系研究 [J]. 现代商业, 2010 (26): 191-192.